W0048886

Andrea Schütze hat in ihrer Kindheit so ziemlich alle Hobbys ausprobiert, die man sich nur vorstellen kann. Irgendwann ist sie beim Lesen geblieben und schreibt deshalb auch so gerne Bücher. Sie hat einen Gesellenbrief als Damenschneiderin, ein Diplom als Psychologin, aber kein Seepferdchenabzeichen. Mit ihrer Familie lebt sie am südlichsten Zipfel von Deutschland. Dort gibt es eine Stelle, an der man gleichzeitig in Frankreich, Deutschland und der Schweiz stehen kann – vorausgesetzt natürlich man hat drei Beine.

Tina Kraus ist 1985 in Starnberg geboren und im Isartal im Münchner Süden aufgewachsen. 2005 ist sie nach Münster gezogen, um an der Fachhochschule Münster Design zu studieren. 2008 wurde sie für den Paperworld Card Award für innovatives Grußkarten-Design nominiert. Das Sommersemester 2009 verbrachte sie an der Duksung Women's University in Seoul, Südkorea. Im Jahr 2009 hat sie auch ihr erstes Buch – das Pop-up-Buch »A wie Affe, B wie Bär« – veröffentlicht. Ihren Abschluss als Diplom-Designerin hat sie im Juli 2010 mit dem Pop-up-Projekt »Circus Zingaro« im Bereich Illustration an der Fachhochschule Münster gemacht. Seitdem arbeitet sie als freiberufliche Illustratorin und Paper-Engineer.

Originalausgabe
1. Auflage
© 2020 Dressler Verlag GmbH, Max-Brauer-Allee 34, 22765 Hamburg
ellermann im Dressler Verlag GmbH · Hamburg
Alle Rechte vorbehalten
Text von Andrea Schütze
Einband und farbige Illustrationen von Tina Kraus
Satz: Sabine Conrad, Bad Nauheim
Druck und Bindung: Livonia Print SIA, Ventspils iela 50,
LV-1002 Riga, Lettland
Printed 2020
ISBN 978-3-7707-0230-9
www.ellermann.de

Andrea Schütze

Mein REGENTAGE Vorlesebuch

Geschichten, Gedichte
und noch viel mehr

Mit Bildern von Tina Kraus

ellermann im Dressler Verlag GmbH · Hamburg

Inhalt

Trara! 8

Wolkenelefanten 9

Regentänzer 13

Misses und Mister Weather 14

Kreislauf 18

Professor Ernsthaft Ganzgenau weiß es ganz genau: Burger-Alarm 20

Professor Ernsthaft Ganzgenau weiß es ganz genau: Eine dufte Sache 24

Gekochte Regentropfen 28

Annie und der Wurm 29

Rezept für knusprige Regenringel 36

Regensuppe 37

Regenwolkenspektakel im Glas 43

Mehlschwalbensommer 45

Regenmacher 51

Gegen den Regen   54

Große Regengemütlichkeit   55

Der arme Poet   61

Der Wasserspeierdrache   64

Komm, wir malen mit dem Regen   70

Zwei Onkel und ein Regenbogen   72

Mach doch mal Regen-Tee!   80

Der rote Schirm   81

Der Regenpfeifer   90

Land unter   91

Die kleine Hexe Wolkenbruch   99

Regenworte   111

Malte-Mats Kwak   117

Gegen Regenlangeweile   125

Trara!

Es regnet.
Pitsch, patsch.
Aus Erde wird Matsch.

Es regnet.
Tropf, tropf.
Auf diesen Kopf.

Es regnet.
Pliss, plass.
Die Glatze wird nass.

Es regnet.
Und eh sichs der Herr versieht,
sieht man, wie's obenrum wieder sprießt.

Es regnet.
Trara!
Und manchmal wächst Haar,
wo vorher keins war!

Wolkenelefanten

Am liebsten ist Linus bei seinem Opa in der kleinen Schlosserei-Werkstatt – wenn er nicht gerade mit seinen Freunden Fußball spielt. Aber wie soll das heute gehen? Bei dem Regen?

Linus starrt aus dem Fenster, während Opa vor sich hin arbeitet.

Mit einem lauten Sirren frisst sich eine Säge durch Metall.

»Was wird'n das, Opa?«, fragt Linus und verfolgt die Regentropfen, die an der Fensterscheibe hinablaufen.

»Ein Schlüssel. Spezialanfertigung. Für eine Schatztruhe«, erklärt Opa und pustet die Eisenspäne weg.

»Echt?«, fragt Linus und dreht sich um.

»Nee«, sagt Opa und schmunzelt. »Leider nicht. Jemand hat seinen Kellerschlüssel verloren, und weil sich das alte Schloss nicht ausbauen lässt, muss jetzt ein echter Könner ran.« Opa pustet erneut und fährt vorsichtig mit dem Finger über eine Rundung. »Aber vielleicht ist ja IN dem Keller ein Schatz.«

»Hm.« Linus dreht sich wieder zum Fenster. »Guck mal Opa, die Wolke sieht auch aus wie ein Schlüssel.«

Opa schiebt sich die Schutzbrille auf die Stirn und nickt.

»Stimmt«, sagt er. »Ist aber bestimmt nicht so leicht wie einer.«

Linus lacht auf. »Quatsch. So 'ne Wolke wiegt doch nix. Die sind doch aus … Nebel.«

Opa legt den Schlüsselrohling beiseite und schraubt eine große Flasche Mineralwasser auf.

»Findest du die leicht oder schwer?«, fragt er und reicht sie Linus.

»Schwer«, sagt Linus.

Opa nickt. »Wasser wiegt ganz schön was. Und in der Flasche ist nicht mal ein ganzer Liter, sie wiegt also weniger als ein Kilo. Aber ist in so einer Regenwolke nicht auch Wasser?«, gibt er zu bedenken.

»Klar«, sagt Linus. »Jede Menge.«

»Eben«, sagt Opa und trinkt einen Schluck.

Linus denkt nach. »Wie viele Liter Wasser passen wohl in eine Regenwolke?«, fragt er. »Hundert? Oder vielleicht tausend?«

Opa lacht. »Viel mehr. Da passen Millionen Liter beziehungsweise Kilo rein«, sagt er.

»Aber warum fällt die Wolke dann nicht runter?«, fragt Linus erstaunt.

»Weil die Wassertröpfchen in den Wolken so millepienzeplink klein sind, dass sie von verschiedenen Luftströmungen immerzu durcheinandergewirbelt und so in der Wolkenform gehalten werden. In deiner Schlüsselwolke da oben ist also nicht nur Wasser, sondern auch Luft. U-hund …«, Opa macht eine Kunstpause, »Luft wiegt übrigens auch was.«

»Echt?«, fragt Linus.

»Hat man alles erforscht und berechnet. Wenn sie nichts wöge, würde sie nämlich einfach davonfliegen. Pass auf, ich habe ein Beispiel. Die Luft im Kinderzimmer deiner Schwester wiegt ungefähr so viel wie Marie selbst.«

»Hammer!«, sagt Linus. »Die Wolke ist also sogar noch schwerer als das Wasser, das sie trägt, und sie fällt trotzdem nicht runter.«

»Zum Glück«, sagt Opa, angelt nach einer Feile und bearbeitet damit die Schlüsselkanten. »Das wäre nicht so gut für uns, da würde uns ganz schön was aufs Dach fallen.«

»Kann man Wolken wiegen?«, fragt Linus.

Opa schüttelt den Kopf. »Man muss ihr Gewicht berechnen«, erklärt er. »Dafür benötigt man zunächst die Größe der Wolke. Stell dir mal vor, die dunklen Gewitterwolken sind gerne mal zehn Kilometer hoch und ebenso breit! Das sind hundert Fuß-ballfelder. Dann muss man noch wis-sen, wie viel Wasser sie enthält. Pro Meter Wolke, also in einem Wolken-würfel sozusagen, Kubikmeter nennt man das – pro Kubikmeter enthält eine Wolke also je nach Temperatur zwischen ei-

nem und sieben Gramm Wasser. Wenn man das jetzt auf ein kleines Gewitter-wölkchen umrechnet, das nur einen Kilometer lang, breit und hoch ist, wiegt sie über den Daumen gepeilt zwischen tausend und zehntausend Tonnen.«

»Boah!«, macht Linus.

»Ja-ha«, erwidert Opa. »Aber dazu kommt ja noch das Gewicht der Luft. Alles zusammen wiegt so eine Wolke zwischen hunderttausend und einer Million Tonnen.«

Linus macht große Augen. »Wie viel wiegt ein Elefant?«, fragt er dann.

»Fünf Tonnen, schätze ich«, antwortet Opa.

Linus sieht kritisch in den Himmel. »Dann wiegt so eine große Wolke …«, beginnt er.

»… so viel wie zwan-
zigtausend bis zweihun-
derttausend Elefan-
ten«, ergänzt Opa.

Beeindruckt
schweigen die
beiden eine Weile.

»Weißt du, wie
man in England
sagt, wenn es wie
verrückt regnet?«, fragt
Opa in die Stille hinein.

Linus schüttelt den Kopf.

»It's raining elephants and giraffes«, sagt Opa. »Es regnet Elefanten und
Giraffen.«

Linus lacht. »Das passt ja. Und jetzt weiß ich auch, was ich mache: Ich
schnitze einen Elefanten auf einer Wolke«, meint er, und Opa reicht ihm ein
Stück weiches Holz.

»Also, ich mag Regen …«, sagt Opa und sieht seinem Enkel lächelnd dabei
zu, wie er sich in seine Arbeit vertieft.

Regentänzer

Weißt du, dass es Regentänzer gibt?
Das sind die, die man nie sieht.

Denn sie tanzen in der Nacht,
und da bist du ja nicht wach.

Wenn es bei hellem Mondenglück
draußen regnet wie verrückt,

gleiten sie am Regenfaden
durch die nassen Tropfenschwaden,

wehen mit dem feuchten Trauf,
platschen auf dem Boden auf.

Wo sie dann in wildem Reigen
gerne ihre Tanzkunst zeigen.

Besonders unter hellen Sternen
und gelben Straßenrandlaternen,

da hüpfen und da springen sie
in perfekter Harmonie.

Ja, wer hätte denn gedacht,
dass Regen auch noch so was macht?

Misses und Mister Weather

Es gibt Wörter, auf die reagieren die meisten Menschen mit Begeisterung, wenn sie sie nur hören. Schokolade ist zum Beispiel so ein Wort. Oder Ferien.

Oder …

Hawaii!

Hawaii ist eine Insel. Sie ist die größte einer ganzen Gruppe von Inseln, die man Hawaii-Inselkette nennt. Sie liegt im Pazifischen Ozean und auf Hawaii ist es sehr, sehr schön. Auch wenn man selbst noch nie dort war, hat fast jeder schon mal Fotos der Hawaii-Inseln gesehen. Es gibt dort schneeweiße Strände, Palmen und glitzerklares Wasser. Früher bekam jeder Feriengast zur Begrüßung am Flughafen einen Blumenkranz aus duftenden Blüten um den Hals gelegt. Diese Blumenkränze sind auf Hawaii ein wichtiges Symbol, um jemandem zu sagen, wie viel er einem bedeutet.

Bestimmt ist dir schon mal aufgefallen, dass es auf Fotos von Hawaii so gut wie nie regnet.

Außer vielleicht, man hat auf einer ganz bestimmten Insel Ferien gemacht.

Und die heißt Kaua'i.

Dort lebt Mister Sunshine. Auf Kaua'i scheint den ganzen Tag die Sonne, und es ist so heiß, dass man mittags nicht mehr barfuß über den Sand laufen kann, ohne sich die Fußsohlen zu verbrennen. Deswegen verkauft Mister Sunshine in seinem kleinen Kiosk am Strand Flipflops aus Bast, die er selbst herstellt. Und er kommt mit dem Flechten kaum hinterher, weil Mister Sunshines Latschen nicht nur unheimlich bequem sind, sondern auch lecker riechen, weil er den Bast mit seinem geheimen Mister-Sunshine-Spezial-Duftöl einreibt. Aber das nicht der Grund, warum ich dir von Mister Sunshine erzähle.

Mister Sunshine ist verliebt. In Misses Rain. Und Misses Rain wohnt genau am anderen Ende der Insel. Und das ist exakt der Teil der Insel, den man ziemlich selten auf Fotos zu sehen bekommt, denn er hat es in sich. Dort regnet es. Ständig und dauernd und überhaupt fast immer. An der Pinnwand in Mister Sunshines Kiosk hängen unzählige Bilder davon. Wenn es selbst ihm mal zu heiß wird, betrachtet er sie. Auf den Bildern ist nämlich immer dasselbe zu sehen: Misses Rain im Regen. Stets lacht sie mit blitzenden Augen in die Kamera, während ihre dunklen Haare in dicken Strähnen am Gesicht kleben und ihr das Regenwasser die Kleidung durchtränkt, als stünde sie gerade unter der Dusche. Denn Misses Rain liebt den Regen, jeden einzelnen Tropfen davon.

Und das ist auch gut so, denn schließlich lebt sie an einem der drei regenreichsten Orte der Welt. Auf Misses Rains Seite von Kaua'i schüttet es an dreihundertfünfunddreißig Tagen des Jahres wie aus Eimern, es gibt also nur

ungefähr alle zwei Wochen einen Tag Regenpause, während ihr Freund Mister Sunshine tagein, tagaus eine fast wüstenartige Hitze aushalten muss.

Wie kann denn so was sein?

Auf Misses Rains Inselseite gibt es einen hohen Berg namens Wai'ale'ale, das bedeutet so viel wie *überfließendes Wasser*. Und gegen diesen Berg prallt ein sehr kräftiger Wind, der übers Meer herangetrieben wird. An den steilen Hängen verdampft seine feuchte Luft und wird zu riesigen Regenwolken, aus denen es ohne Unterlass herabregnet.

Misses Rain betreibt ein kleines Café, weil selbst Regenseiten-Kaua'ianer mal ins Trockene müssen. Und wenn sie ihre Gäste mit trockenen Handtüchern und süßem Tee versorgt hat, dann gießt sie sich selbst ebenfalls eine Tasse ein und betrachtet die Fotos, die an ihrer Pinnwand hängen. Auf jedem ist dasselbe zu sehen: Mister Sunshine, wie er braun gebrannt in die Sonne blinzelt, denn Mister Sunshine liebt jeden einzelnen Sonnenstrahl.

Aber Misses Rain und Mister Sunshine lieben auch einander.

Und deswegen haben die beiden eines Tages beschlossen, zu heiraten. Sie schenkten sich gegenseitig Blütenkränze, feierten ein Fest und versprachen einander, sich so oft wie möglich auf ihren Inselseiten besuchen zu kommen.

Und wenn sie jetzt gemeinsam in der Sonne liegen oder im Regen tanzen, sind sie einfach nur Misses und Mister Weather, egal welches, denn der Liebe ist das Wetter völlig egal.

Kreislauf

3

Die sehn zwar aus wie Nebelzwerge,
bilden aber Wolkenberge,
weich und wattig, fluffeschön,
sind sie von unten anzusehn.
Doch drinnen ist es bitterkalt,
was sich da wohl zusammenballt?

2

Dort oben ist es schrecklich kalt,
der Wasserdampf, er friert schon bald.
Doch die kleinen Wassertröpfchen
haben schlaue, kleine Köpfchen.
Ohne sich groß zu genieren,
fang' sie an zu kondensieren.
Aus vielen kleinen werden große,
schwere, nasse Tropfenkloße.

1

In Meeren, Flüssen, Bächen, Pfützen
kann sich Wasser nicht beschützen:
Brennt die Sonne, weht der Wind,
steigt der Wasserdampf geschwind
hoch und höher, weit hinauf,
in des Himmels blauen Lauf.

18

4

Wassertropfen, Eiskristalle,
immer schwerer werden alle.
Langsam senken sie sich nieder,
ah, schwupps aufgetaut schon wieder.
In dicken Tropfen regnet's nun,
auf Wald und Häuser, Mensch und Huhn.

5

Der Frosch im Teich, er liebt es sehr,
jetzt ist sein Reich nicht mehr so leer.
Doch kaum blinzelt's warm hervor,
steigt der Dunst auch schon empor.

6

Denn in Meeren, Flüssen, Pfützen
kann sich Wasser nicht beschützen:
Brennt die Sonne, weht der Wind,
steigt der Wasserdampf geschwind,
hoch und höher, weit hinauf,
in des Himmels blauen Lauf.

7

Und so geht die leise,
geheimnisvolle Regenreise
geradewegs von vorne los.
In einem Kreislauf, rund und rund,
genau das macht die Welt so bunt.

19

Professor Ernsthaft Ganzgenau weiß es ganz genau: Burger-Alarm

Professor Ernsthaft Ganzgenau weiß mal wieder was besser.

Ich finde das prima, denn man lernt schließlich nie aus, und mit einer Tasse beruhigendem Kamillentee ist auch Professor Ernsthaft Ganzgenaus Klugscheißerei einigermaßen gut auszuhalten.

Also lassen wir ihn am besten gleich zu Wort kommen, damit er nicht vor Ungeduld explodiert.

»Herr Professor, was haben Sie uns ahnungslosen Unwissenden denn heute so Dringendes mitzuteilen?«

»Da!«, ruft Professor Ganzgenau und hält uns einen Bleistift und einen Zettel hin. »Malen Sie mal Regentropfen, kommen Sie schon, malen Sie mal.«

»Okay, das ist einfach. Ich zeichne ein paar hübsche Regentropfen aufs Papier. Wow, die sind mir richtig gut gelungen, sie sehen fast NASS aus. Hier, fertig, ich habe Talent, oder?«

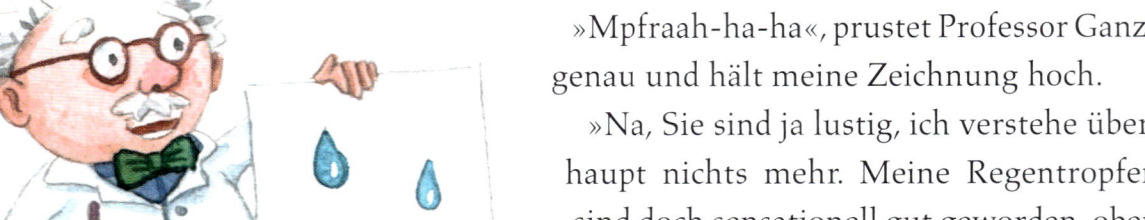

»Mpfraah-ha-ha«, prustet Professor Ganzgenau und hält meine Zeichnung hoch.

»Na, Sie sind ja lustig, ich verstehe überhaupt nichts mehr. Meine Regentropfen sind doch sensationell gut geworden, oben spitz und unten rund …«

»Eben. Ihre Regentropfen sind oben spitz und unten rund!«, triumphiert der

20

Professor und grinst mich an. Ein klitzekleines bisschen hämisch, wenn ich das bemerken darf. Moment, ich trinke einen Schluck Tee.

So, besser.

»Nun, so, wie Sie das sagen, ist das wahrscheinlich falsch? Oben spitz und unten rund?«, frage ich.

»Genau!« Professor Ganzgenau strahlt. »Total falsch. Quark. Müll. Quatsch.«

»Blödsinn?«, schlage ich vor.

»Exakt. Blödsinn«, sagt der Professor zufrieden. »Ganz großer Blödsinn.«

»Aber jeder malt Tropfen so. Man malt Tropfen halt so. Tropfen wurden schon immer so gezeichnet. Was soll daran denn auf einmal verkehrt sein?«, verteidige ich mich.

»Alles«, ruft der Professor und rauft sich die Haare. »Sie sehen so aus!« Professor Ganzgenau klemmt die Zungen- spitze zwischen die Lippen und zeichnet etwas auf. Als er mir das Blatt vor die Nase hält, muss ich erstens schielen, um etwas zu er- kennen, und zweitens laut loslachen, als ich es er- kannt habe.

»Das ist ein Hamburger«, pruste ich. »Sie haben einen Hamburger gezeich- net.«

»Eben«, sagt Professor Ganzgenau.

»Wie?«, frage ich verwirrt.

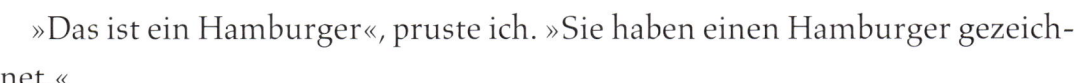

Professor Ganzgenau holt Luft. »Jetzt gut aufpassen«, mahnt er, und ich nicke brav. »Regentropfen«, sagt er und zieht die Augenbrauen so hoch, dass ich Angst habe, sie könnten ihm von der Stirn rutschen, »Regentropfen sind ab-so-lut rund«, erklärt er. »Wie Christbaumkugeln. Oder Seifenblasen.«

»Aha«, sage ich unbestimmt, weil mir nicht klar werden will, was das jetzt mit Burgern zu tun hat.

»Aber …«, Professor Ganzgenau hebt streng einen Finger, »… nur die ganz winzig kleinen. Dieser hässliche Nieselregen«, er zieht die Schultern hoch, »oder Sprühregen.«

»Hm«, brummle ich vage. Sicherheitshalber nehme ich noch einen Schluck Tee, das lenkt von meiner Ahnungslosigkeit ab.

»Die NORMALEN Regentropfen«, fährt Professor Ganzgenau fort, »die sind ja viiiel größer, also etwa so.« Er zeigt auf den Kopf einer Stecknadel, mit der er eine Urkunde an die Wand seines Labors gepinnt hat. »Und deshalb fallen die auch schneller zur Erde als der sprisselige Sprühregen. Oder der fiese Niesel.«

Ich nicke ernsthaft beeindruckt. Der Professor kann ja sogar reimen.

»Also weiter. Normale Regentropfen rasen sozusagen.« Professor Ganzgenau macht ein tosendes Rennwagengeräusch, als wolle er gleich selbst starten. »Und deswegen QUETSCHT die Luft den Regentropfen ein. Ich zeige es Ihnen an einem Beispiel.« Der Professor holt einen Fußball aus dem Regal, legt eine Hand obendrauf und presst von unten dagegen. »So«, sagt er keuchend.

Ich kann zwar keinerlei Verformung erkennen, denn Professor Ganzgenau ist so ziemlich das Gegenteil von einem Muskelprotz, aber ich verstehe natürlich, was er meint.

»Ah!«, sage ich. »Aha! Ja! Klar!«

»Unten flach und eingedellt, oben fast rund. Ein fliegender Hamburger.« Der Professor lächelt selig. »Zusammengefasst heißt das: Kleine Miniregentropfen sind kugelrund, große, schwerere Tropfen werden beim rasend schnellen Runterfallen von der Luft zusammengequetscht und sehen dann aus wie ein Burger. Verstanden?« Wieder einmal ist es dem Professor gelungen, jemanden vor einer gefährlichen Falschinformation zu retten.

»Mit oder ohne Ketchup?«, frotzele ich. Aber natürlich so leise, dass der Professor mich nicht hören kann. Hihi.

Professor Ernsthaft Ganzgenau weiß es ganz genau: Eine dufte Sache

Na, das ist ja ein Ding! Ist das nicht Professor Ernsthaft Ganzgenau, der da spazieren geht? Doch, ich kann ihn ganz genau erkennen, hier von meiner Parkbank aus, wo ich sitze, um ein wenig den Enten im Teich zuzusehen. Er ist schließlich kaum zu übersehen mit seinem weißen Laborkittel und dem Klemmbrett, auf dem er immerzu irgendwelche Beobachtungen notiert. Ich hätte nie gedacht, dass er überhaupt einmal sein Labor verlässt.

Ups, sein Weg führt ihn ja genau an mir vorbei. Oje, auf Wiedersehen, entspannte Pause, jetzt wird es bestimmt wieder wissenschaftlich. Aber okay, ich bin heute ganz entspannt, ich sage einfach was Nettes, vielleicht können wir auch bloß ein wenig plaudern. Ein Spruch übers Wetter passt doch eigentlich immer …

»Hallöchen, Professor, schöner Tag heute, was? Aber da hinten sieht es nach Regen aus, man riecht ihn schon, nicht wahr?«

Professor Ganzgenau bleibt mit düsterer Miene stehen und räuspert sich vernehmlich.

»Was genau wollen Sie mir damit sagen?«, fragt er mich streng, und ich denke hektisch darüber nach, was an meinem kleinen Gesprächsangebot falsch gewesen sein könnte.

24

»Ähm«, sage ich, »dass wir vielleicht besser nach Hause gehen, weil keiner von uns einen Schirm dabeihat, zum Beispiel?«

»Nein, das mit dem Geruch«, hakt der Professor nach.

»Ach, das! Also, ja, schnuppern Sie mal, man riecht schon …«, beginne ich erneut.

Unwirsch winkt Professor Ganzgenau ab. »Papperlapapp, Wasser hat überhaupt keinen Geruch«, sagt er listig.

»Öhm«, murmele ich. Wo er recht hat, hat er recht. »Tja, aber trotzdem riecht es …«

Doch ich komme nicht dazu, meine Geruchsempfindung zu verteidigen, denn Professor Ganzgenau weiß es natürlich ganz genau. Und ich sehe es ihm an der Nasenspitze an, dass ich jetzt eine Nach-

hilfestunde erhalte. Hoffentlich hält das Wetter solange …

»Petrichor!«, schmettert er mir entgegen. »Das, was man nach dem Regen riecht, nennt man Petrichor.«

Ich scheine ziemlich verdutzt zu gucken, denn das Gesicht des Professors hellt sich auf. Jemanden mit Wissen zu überraschen, macht wohl die beste Laune der Welt.

Der Professor nickt glücklich.

»Ja«, sagt er, »ganz recht gehört. *Petros* bedeutet Stein, und *Ichor*, so haben die alten Griechen das Blut ihrer Götter genannt. Verstehen Sie?«

Vorsichtig schüttle ich den Kopf. »Nicht direkt, aber so gut wie fast«, erwidere ich.

25

»Sehen Sie«, sagt Professor Ganzgenau zufrieden, »das habe ich mir natürlich gedacht. Deshalb erkläre ich es Ihnen.«

»Sehr gerne«, seufze ich.

»Wenn die Regentropfen auf die Erde prasseln, PATSCH, WUMMS, FLATSCHDIPAMMS!«, ruft der Professor, »dann bilden sich Bläschen. Und in denen sammeln sich drei Dinge.« Professor Ganzgenau hält mir drei Finger unter die Nase. »Erstens Geosmin, das riecht erdig und muffig und wird von Bakterien im Boden produziert. Zweitens ein Öl, das Pflanzen in der Trockenheit freisetzen und das dann in die Erde gelangt, und drittens«, der Professor sieht mich streng an, und ich nicke artig, »drittens Ozon. Das ist ein Gas, welches in der Luft vorkommt. Das Riechende, heißt dieses Wort übersetzt.«

»Aha«, sage ich zur Abwechslung mal laut und bestimmt. »Aha, wusste ich's doch!«

»Eben«, bestätigt der Professor. »Je trockener der Boden, desto mehr Teilchen lösen sich von ihm und gelangen in die Bläschen, wenn es regnet. Und je poröser der Boden, also je lockerer er ist, desto mehr Bläschen können sich bilden und …«

»Ah«, unterbreche ich ihn, »deswegen riecht es im Wald so besonders gut nach dem Regen. Waldboden ist luftig.«

»Richtig, und jetzt können Sie mir bestimmt auch erklären, weshalb Sie schon VOR dem Regen riechen, dass er kommt«, sagt der Professor und sieht mich herausfordernd an. »Noch ist er ja nicht gefallen.«

Ich hole tief Luft. »Nun ...«, sage ich, weil das immer ein guter Anfang ist, wenn man noch überlegen muss.

Doch der Professor ist viel zu ungeduldig. Er redet lieber, als zuzuhören, deshalb liefert er die Erklärung gleich mit ab.

»Zwei Möglichkeiten.« Professor Ganzgenau zeigt mir wieder seine Finger. »Erstens, der Wind verbreitet das Petrichor-Aroma von dort, wo es vorher schon geregnet hat. Oder zweitens: Weil die Luft vor einem Regenschauer feuchter wird, legt sich ein dünner Film über alles, und der Duft der Erde steigt in Aromabläschen auf.«

»Der Duft der Erde ...«, sage ich beeindruckt. »Das haben Sie aber schön gesagt.«

Doch noch bevor Professor Ernsthaft Ganzgenau über dieses überraschende Kompliment rote Ohren bekommen kann, geht es auch schon los mit dem Unwetter.

Und während ich nach Hause renne, bin ich richtig froh, den Professor getroffen zu haben, weil ich jetzt endlich weiß, wie man den Geruch des Regens nennt, der ja eigentlich der Duft
der Erde ist.

Gekochte Regentropfen

Für deine selbst gekochten Regentropfen brauchst du nur ganz wenige Zutaten und eine Spätzle- oder Kartoffel-
Presse oder einen Spätzle-Schaber. Ups,
was sage ich denn, nein, du brauchst natürlich eine Regentropfen-Presse oder
einen Regentropfen-Schaber.

250 g Mehl
3 Eier
50 ml lauwarmes Wasser
1 Teelöffel Salz

Mische die Eier, das Wasser und das Salz mit einem Schneebesen und gib nach
und nach das Mehl dazu. Nun musst du den Teig kräftig durchrühren, ja fast
grimmig schlagen, bis er schön locker und blasig aussieht. Er darf nicht zu
zäh und nicht zu flüssig sein, sondern muss fließen, so wie warmer Pudding
ungefähr.

Jetzt brauchst du einen Erwachsenen, weil du nun in einem großen Topf
Wasser auf dem Herd aufkochen musst.

Wenn das Wasser kocht, gibst du den Teig auf das Press-Schab-Gerät.

Wie dicke Regentropfen blubbt er nun ins Wasser. Schau, die Tropfen sinken
kurz ein und steigen dann wieder an die Oberfläche. Nach fünf Minuten sind
deine Regentropfen gar. Schöpfe sie vorsichtig mit einem Schöpflöffel ab, lass
sie abtropfen und gib sie in eine hübsche Schüssel.

Einen großen Klecks Butter und eine Handvoll Schnittlauchringe drüber –
fertig!

Und das Beste ist: Man braucht beim Essen nicht mal einen Schirm.

Annie und der Wurm

»Annie, nix wie rein, jetzt wird mir der Regen doch zu nass!«, ruft Oma und richtet sich ächzend auf. »Zum Entzücken meines Rückens mag ich mich nicht mehr bücken«, reimt sie und legt sich die Schaufel über die Schulter, mit der sie eben ihr Gemüsebeet umgegraben hat.

Das Umgraben muss sein, denn im Winter wird die Erde hart gefrieren und dann im Frühjahr, wenn sie wieder auftaut, schön locker sein. Aber für heute ist es genug. Außerdem nieselt es schon eine ganze Weile und Oma ist nach einer schönen Tasse Kaffee mit Keksen.

»Hast du noch von den Regenringeln, die wir das letzte Mal bei Sauwetter gebacken haben?«, fragt Annie und wischt sich einen Tropfen von der Nase.

»Genau daran habe ich auch gerade gedacht«, antwortet Oma lachend. »Opa und ich haben alle aufgegessen, aber Opa hat welche nachgebacken. Ich kann nur hoffen, dass sie so gut sind wie die letzten, schließlich hat er sie bei schönstem Sonnenschein gemacht.«

»Ich glaub schon«, ruft Annie.

»Geh schon mal rein, ich bringe noch die Schaufel in den Schuppen«, sagt Oma, und Annie läuft los.

Hops, hops, hops, über die steinernen Trittstufen auf der Wiese zur Terrasse. Aber Moment, was ist das denn?

»Ein Regenwurm«, sagt Annie und bückt sich. Gespannt sieht sie dabei zu, wie sich der Wurm mühsam aus der Erde arbeitet. »Soll ich dir helfen?«, fragt sie. Und weil Annie findet, das Geschlängel des Wurms sieht haargenau aus wie ein Nicken, fasst sie ihn vorsichtig mit drei Fingern, gräbt das Erdreich ein wenig frei und zieht ihn sanft aus dem Boden. »So«, sagt sie zufrieden. »Und wohin jetzt?«

»Gehen wir rein«, erwidert Oma und nimmt Annies Hand.

»Nein, ich meinte den Wurm«, protestiert Annie.

»Hat seine Wurmdinge zu tun und wir unsere Menschendinge«, sagt Oma, und Annie lacht.

»Klo«, sagt sie. »Als Erstes muss ich aufs Klo.«

»Gut«, meint Oma, »aber erst Hände waschen. Und ich mache in der Zwischenzeit schon mal den Kakao.«

»Deinen Selbstgemachten?«, fragt Annie und steigt aus den Stiefeln. »Mit Zimt?«

»Aber natürlich mit Zimt«, antwortet Oma und hält Annie die Terrassentür auf.

Gerade als Annie hineingehen will, sieht sie aus den Augenwinkeln eine Amsel auf der Wiese landen, genau beim Trittstein, wo sie eben den Wurm befreit hat.

Pick, haps, macht die Amsel, und Annie sieht, wie der Vogel mit dem Wurm im Schnabel davonfliegt. »Nein!«, ruft Annie ihm empört hinterher. »Spuck ihn wieder aus, du doofer Vogel.«

»Was ist denn?«, will Oma wissen.

»Die Amsel hat sich den Wurm geschnappt, die spinnt ja wohl!«, schimpft Annie, und Oma lächelt.

»So ist die Natur …«, sagt sie.

»Natur«, mault Annie und stapft aufs Klo. Und auch nachdem sie längst fertig ist, bleibt sie noch eine ganze Weile sitzen und schlenkert gedankenverloren mit den Beinen. Sie muss ein wenig nachdenken. Denn natürlich weiß Annie, dass Vögel Würmer fressen, aber sie hat nun mal ein scheußlich schlechtes Gewissen.

»Denn ich hab ihn ja rausgeholt«, murmelt sie vor sich hin. »Hätte er noch in der Erde gesteckt, wäre er vielleicht nicht geschnappt worden.« Annie schlenkert weiter. Dann springt sie auf und zieht sich wieder an. »Warum konntest du nicht einfach in deiner Höhle bleiben, du Wurm?«, schimpft sie, während sie sich die Hände wäscht. »Selbst schuld!«, sagt sie bestimmt und geht zu Oma in die Küche.

Sie nimmt einen Schluck vom köstlichen Zimtkakao, beißt in einen Regenringel und starrt missmutig in den Garten. Inzwischen regnet es richtig, schwer rauschen die Tropfen herab.

»Wer ist selbst schuld?«, fragt Oma nach einer Weile.

»Der Wurm«, antwortet Annie. »Er wollte ja unbedingt raus in den Regen!«

»Deshalb heißt er ja Regenwurm«, versucht Oma einen Scherz und pustet auf ihren Kaffee.

Annie seufzt unglücklich.

Oma streichelt Annie über die Hand. »Maus, weißt du was, der Regenwurm wäre auch rausgekommen, wenn du ihm nicht geholfen hättest. Denn genau genommen hat der Regenwurm gar nichts mit dem Regen zu tun. Der Name kommt daher, weil er so rege ist. Ständig beschäftigt, graben, fressen, graben, fressen. Und wenn es regnet, lockt ihn das Geprassel der Tropfen nach oben. Und da gibt es nun mal eben allerlei Gefahren, Vögel, Menschen, Sonnenlicht. Nachts kommen Regenwürmer übrigens auch nach oben. Und weißt du, was sie dann machen?«

Annie schüttelt den Kopf.

»Sie ziehen Blätter in ihre Gänge, fast zwanzig Stück schafft ein einzelner Wurm in einer Nacht. Die klebt er mit seinem Schleim in die Wohnröhre, und wenn sie dann kompostiert sind, kann er sie fressen und nimmt dabei gleichzeitig Erde auf. In seinem Darm kommen dann noch wichtige Bakterien und Pilze dazu. Regenwürmchentürmchen sind also eine Art Superbooster-Turbo-Erde, besser als jeder Kompost dieser Welt«, erklärt Oma.

»Hmpf«, sagt Annie.

»Außerdem gehören Regenwürmer zu den stärksten Tieren der Welt«, versucht es Oma mit einer weiteren Regenwurm-Neuigkeit.

»Echt?«, fragt Annie.

Oma nickt. »Sie können das Fünfzigfache ihres Körpergewichts stemmen, beim Graben ihrer zig Meter langen Gänge. Und die können sieben Meter in die Tiefe reichen, durchlüften die Erde mit einer Mordskraft.«

Annie will gerade etwas antworten, da klingelt das Telefon.

»Bin gleich wieder da«, sagt Oma und geht in die Diele.

Das kommt ja wie bestellt, denkt Annie. Blitzschnell springt sie auf, stiehlt sich nach draußen und schlüpft in die Gummistiefel. Prima, da lehnt ja auch

noch Opas Schirm. Annie schnappt sich einen leeren Blumentopf, spannt den Schirm auf und läuft in den Garten. Auf einem der Trittsteine geht sie in die Hocke.

Und da sind sie auch schon.

Annie muss gar nicht lange Ausschau halten, da hat sie die ersten Würmer schon entdeckt. Vorsichtig sammelt sie die glitschigen Meistergräber in den Topf, flitsch, glitsch, einen nach dem anderen.

Als Oma nach einer Weile an die Scheibe klopft, um sie hereinzurufen, hat Annie den halben Blumentopf voll.

»Alle gerettet«, erklärt Annie stolz und hält Oma das erdige Gewürm vor die Nase.

»Sehr gut«, lobt Oma. »Die setzen wir nachher direkt in meinem Gemüsebeet wieder aus, ich kann ein paar zusätzliche Helfer brauchen.«

»Super Idee!« Annie klappt den Regenschirm zu. Doch dann hält sie inne. »Oh nein«, sagt sie betroffen.

»Was stimmt denn jetzt immer noch nicht?« Oma schmunzelt.

»Sie haben ja kein Zuhause mehr!«, ruft Annie entsetzt. »Ich hab sie von ihrer Wohnhöhle weggeholt.«

Da nimmt Oma Annie in den Arm und drückt sie sanft an sich.

»Schatz«, sagt sie, »bis zum Frühjahr haben sie sich neu eingerichtet. Und das Leben in meinem Beet hat schließlich einen großen Vorteil.«

»Ja?«, fragt Annie.

»Ja«, sagt Oma. »Wir spannen doch immer ein Vogelnetz drüber, damit nicht die ganze Saat weggepickt wird. Und deshalb kann deinen Würmern auch bei Regen nichts passieren. Gut?«

»Sehr gut!«, ruft Annie erleichtert.

Dann kniet sie sich andersherum auf die Küchenbank, knabbert einen Regenringel und sieht den Vögeln dabei zu, wie sie emsig über die Wiese huschen, um Futter zu suchen.

Einen halben Topf voll Regenwürmer hat sie immerhin gerettet!

Rezept für knusprige Regenringel

200 g Butter
100 g Puderzucker
1 Päckchen Vanillezucker
1 Ei
100 g gemahlene Mandeln
200 g Mehl
1 Teelöffel Zimt
5 Tropfen Bittermandelaroma
2 Messerspitzen Backpulver

Alle Zutaten mit der Rührmaschine vermischen und dann mit den Händen zu einem Teigklumpen kneten.

Hiervon zupfst du jetzt verschieden große Stücke ab und rollst sie zwischen deinen Handflächen erst zu einer Kugel und dann zu einem Wurm: Egal wie lang oder kurz, egal wie dünn oder dick, lässt du ihn, plitsch, auf ein mit Backpapier ausgelegtes Backblech fallen. Je verschiedener die Ringel aussehen, desto schöner!

Jetzt ab damit in den Ofen.

Sie brauchen 10 Minuten bei 175 Grad, vielleicht auch kürzer, je nachdem wie dünn deine Regenringel geworden sind, sonst werden sie an den Spitzen zu braun.

Etwas abkühlen lassen und mit Puderzucker bestäuben.

Am leckersten schmecken sie übrigens eingetunkt in selbst gemachten Zimtkakao. Wie der geht? Ganz einfach: eine Tasse Milch, einen Teelöffel echten Backkakao, einen halben Teelöffel Zucker, eine Messerspitze Zimt zusammen warm machen und schön cremig aufschlagen. Am besten geht das mit oder in einem Milchaufschäumer – fertig und köstlich!

Regensuppe

»Oh nein!«, flüstert Frau Wolle, das Kuschel-
schaf, und beugt sich weit aus dem Regal.
»Guckt mal alle raus!«

Die anderen Kuscheltiere in Lolas Zimmer sehen auf.

Dicke Regentropfen prasseln ans Fenster und perlen in langsamen Schlieren
nach unten.

»Mist!«, sagt Brummel, der Teddybär.

»Ich hasse Regen!«, mault Beppo, der Clown.

»Meine schöne Frisur!«, jammert Clodine, die Porzellanpuppe, und ihre
Freundinnen nicken.

Denn so schön es ist, in Lolas Kinderzimmer zu leben, einen großen Nachteil hat es, da sind sich die Spielsachen alle einig: LOLA MAG REGEN. Sie ist
überhaupt das einzige Kind, welches bei Regen genau das Gegenteil von dem
tut, was man eigentlich erwartet. Und das geht so.

Wenn es regnet, ruft Lola: »Es regnääät!«, mit einer Betonung, als würde
sie Nachtisch! oder Weihnachten! oder Geschenke! rufen.

Und heute ist es mal wieder so weit.

»Es regnääät!«, schallt Lolas Stimme da auch
schon von unten herauf, und die Kuscheltiere
seufzen. Na schön, ist es eben mal wieder so
weit. Schon poltern Lolas Schritte die Treppe
herauf und die Zimmertür fliegt auf.

»Habt ihr gesehen? Jetzt aber raus mit uns!« Lola grapscht sich Clodine, Beppo, Brummel und Frau Wolle und legt sie in einen großen Korb. Denn, du hast es dir bestimmt schon gedacht, dies ist der eigentliche Nachteil von Lolas Regenliebe: Alle Lieblingsspielzeuge müssen mit hinaus! Und weil Lola keine Ahnung davon hat, dass ihre Kuscheltiere und Puppen echt sind, zieht sie ihnen, im Gegensatz zu sich selbst, keine Regenklamotten an, sondern packt nur den winzigen Puppenschirm mit ein, unter dem sie trotzdem immer noch alle nass werden.

»Oh Mann!«, stöhnt Brummel. »Was tut man nicht alles für sein Menschenkind.«

Die anderen nicken ergeben.

»Ist wenigstens die Heizung ganz aufgedreht?«, wispert Clodine. Ihr ist jetzt schon kalt. Zum Glück hat Lola sie zwischen Brummel und Frau Wolle gesetzt.

»Alles paletti«, beruhigt Beppo sie und legt ein noch breiteres Lachen auf.

»Das wird jetzt ein schöner Ausflug«, verspricht Lola ihren Begleitern, stülpt sich die Kapuze über und läuft in den Garten.

Dort stellt sie den Korb auf dem Rand des Sandkastens ab und spannt das winzige Schirmchen auf.

»So, jetzt seid ihr schön im Trockenen«, murmelt sie, als der erste Tropfen auch schon in Beppos Nacken rinnt.

»Vielleicht nicht ganz«, raunt er seinen Freunden zu und zieht die bunte Halskrause unauffällig etwas enger.

Rasch rücken alle näher aneinander.

»Bestimmt habt ihr Hunger, oder?«, fragt

Lola in die Runde, ohne eine Antwort zu erwarten. »Super, dann koche ich euch jetzt Regensuppe!«

Clodine reißt die Augen auf und schüttelt sich. Brrr, Regensuppe? Das hört sich ja noch schrecklicher an als die Regenolympiade. Das hat Lola beim letzten Mal mit ihnen gespielt.

Lola fischt einen alten Kochtopf aus dem nassen Sand und füllt das Wasser aus einem Schmetterlingsförmchen hinein. »So, das Öl wird jetzt heiß, währenddessen schneide ich die Zwiebeln«, erklärt sie. Lola findet einen Brocken Erde und würfelt ihn auf dem Rand des Sandkastens. »Zisch«, sagt sie, als die Zwiebelwürfel in den Topf fallen. Dann rührt Lola um, während ihr der Regen übers Gesicht rinnt. Sie wischt sich mit dem Handrücken die Nase ab. »So, jetzt das Gemüse.«

Lola springt auf und beginnt, Gras aus der Wiese zu rupfen. Sie findet auch noch vier Haselnüsse, Gänseblümchen, Steinchen und Blätter.

»Sehr gesund«, sagt Lola und gibt die Zutaten in den Topf. Erde und Grashalme kleben an ihren Fingern, doch Lola stört das nicht. Sie muss schließlich dafür sorgen, dass das Gemüse nicht anbrennt.

»Gleich kann die Brühe dazu«, teilt sie ihren stummen Zuschauern mit und sieht sich um.

Der Regen tropft von den Blättern der Bäume, er hat die Wiese mit kleinen Seen geflutet, und auch in den Sandförmchen steht das Wasser. Aber Lola nimmt ja nicht irgendwelche Brühe, sondern nur *die Gute*, das kennt sie von Mama.

»Schnack, schnack«, sagt sie und dreht die Herdplatte um zwei Stufen herunter. »Ich bin gleich wieder da.«

Aus der Dachrinne des Schuppens sprudelt das Wasser in die große Tonne. Lola legt für einen Moment den Kopf in den Nacken und blinzelt in den grauen Himmel.

Wenn es regnet, fühlt sie sich irgendwie anders als sonst. Alles ist anfühliger, so nennt Lola das für sich. Sie lässt die Finger über den Ärmel ihrer Regenjacke gleiten, glitschig und weich fühlt es sich an. Das Holz der Regentonne ist irgendwie prall vor Nässe und ihre Wangen prickeln vor Kälte. Die Stiefel quatschen im Matsch, der Kompost duftet nach Waldpilzen, und Lola hört mindestens fünf verschiedene Prassel- und Rauschgeräusche. Lächelnd hält sie die kleine Gießkanne unter den Regenrinnenstrahl.

»Es nervt vielleicht ein bisschen, aber es ist etwas ganz Besonderes«, sagt Frau Wolle unterdessen zu den anderen und zupft den Schirm etwas mehr zu sich herüber. Ihre Schulter ist schon ganz nass.

Die anderen nicken.

»Es hätte auch noch schlimmer kommen können, denkt an Anton«, mahnt Brummel wie üblich, und alle seufzen tief. Anton ist der Schmusetiger von Lolas kleinem Bruder Ben, und er wurde schon mindestens hundert Mal irgendwo liegen gelassen, dabei ist Ben gerade mal zwei Jahre alt.

»Da bin ich wieder«, sagt Lola und zeigt auf die Gießkanne. »DAS ist gute Brühe. So, jetzt rein zum Gemüse.« Lola dreht die Herdplatte wieder auf, knapps, knapps, und schüttet das Wasser in den Topf.

»Und nuuun«, kündigt Lola an, »fehlt noch die Geheimzutat … Zaubergewürz.« Sie legt ein Förmchen als Deckel auf den Topf und stapft mit gesenktem Kopf über die Wiese.

»Ich ahne etwas.« Beppo beginnt, in seine Clownskrause zu kichern.

»Sag es bloß nicht laut …«, ermahnt ihn Clodine.

»Das brauche ich gar nicht …«, flüstert Beppo, als Lola zurückkommt.

»Hmmm, lecker«, sagt Lola und präsentiert ihren Kuscheltieren eine Handvoll schnurgelige Erdbrösel.

»Wurm-Aa«, erklärt sie und streut die Häufchen in die Suppe. »Hmmm, das riecht lecker. So würzig und köstlich.«

Clodine drückt sich tiefer zwischen Frau Wolle und Brummel, während Beppo so sehr lachen muss, dass der Korb zu wackeln beginnt und das Regenschirmchen herausfällt.

»Hoppla«, sagt Lola, stellt es wieder auf und streicht Clodine einen Regentropfen von der Stirn. »So, jetzt müsste alles fertig sein«, sagt sie und hält sich den Kochlöffel an die Lippen.

»Schlürp, schlürp«, macht sie. »Ah, das tut gut. Heiße Regensuppe schmeckt am besten im Regen. Aber es fehlt noch ein bisschen Zaubergewürz.« Lola bröselt ein weiteres Regenwurmhäufchen in die Suppe.

41

»Besser«, sagt sie, nachdem sie erneut gekostet hat. »Jetzt können wir essen.«

Lola füllt vier Sandförmchen für ihre Kuscheltiere. »Und nicht nur die Suppe trinken, auch das Gemüse essen!«, ermahnt sie sie und stellt die Schälchen vor ihnen auf den Rand des Sandkastens. »Guten Appetit«, ruft sie, »ihr könnt ruhig schon mal essen, sonst wird es ja kalt. Ich muss nur noch kurz was erledigen.«

Lola rennt zum Klettergerüst und setzt sich auf die Schaukel. Denn Schaukeln im Regen ist fast noch besser, als Regensuppe zu kochen.

»Schlürf, schlürf, mampf«, machen die Kuscheltiere artig und grinsen sich an.

»Ich hab Regenwurm-Aa auf der Stirn«, beschwert sich Clodine.

»Sei froh«, sagt Frau Wolle, »dafür bist du auch die Einzige, die nachher ein Schaumbad nehmen darf. Mich hängt sie wieder nur am Ohr an die Wäscheleine.«

»Egal, Lola ist cool«, sagt Brummel und niest.

Und da stimmen alle zu.

Regenwolkenspektakel im Glas

Genau wie uns der Regen draußen dazu verführt, ihm durch die Scheibe einfach nur beim Fallen zuzusehen, ist auch dieses Experiment was Schönes fürs Auge.

Wir machen nämlich einfach mal selbst Regen, aber in bunt, das ist ja wohl klar!

Besorg dir:

* ein großes Glasgefäß mit möglichst glatten Wänden, damit man gut hineinschauen kann
* eine Dose Rasierschaum
* Lebensmittelfarben und entsprechend viele Eierbecher
* eine Pipette, Spritze oder einen Kaffeelöffel

Fülle deinen Glasbehälter zur Hälfte mit kaltem Wasser. Dann gibst du in jeden Eierbecher ein paar Tropfen Lebensmittelfarbe und vermischst sie mit einem Schwupp Wasser.

Jetzt den Rasierschaum gut schütteln und einen riesigen Turm auf das Wasser in das Glas spritzen, schön fluffig, schließlich soll das Ganze wie eine große Wolke aussehen.

Die Rasierschaumfluffwolke schwimmt auf dem Wasser, siehst du? Das kommt daher, weil in dem Schaum so viele Luftbläschen eingefangen sind.

Nun kannst du von jeder Lebensmittelfarbe mit der Pipette oder einem anderen Tropfgerät eine kleine Menge über die Wolke träufeln. Ganz langsam, je nachdem wie stark du die Farbe verdünnt hast, bahnt sie sich ihren Weg durch die Schaumwolke und »regnet« in bunten Schlieren ins Wasser.

Dieser Moment des »Ausregnens« sieht in deinem Glas wunderbar wirbelig aus. Man kann gar nicht genug davon bekommen, wie sich die verschiedenen Farben vermischen – aber weißt du was?

Eigentlich können wir wirklich froh sein, dass echter Regen nicht bunt ist, oder?

Mehlschwalbensommer

»Wie lange noch?«, mault Tom und starrt missmutig aus dem Fenster.

Jette stöhnt genervt. Ihr Bruder hat diese Frage seit Fahrtbeginn schon so oft gestellt, dass niemand mehr darauf reagiert.

»Guckt mal, die Berge!«, ruft Papa irgendwann.

Jette und Tom jubeln. Denn das ist wie jedes Jahr das Signal, dass die Ferien nun wirklich und wahrhaftig losgehen. Wenn man die ersten Berge mit ihren schneebedeckten Spitzen entdecken kann, dauert es gar nicht mehr so lange, bis sie auf dem Bauernhof angekommen sind, auf dem sie wie immer die Sommerferien verbringen.

Außerdem verteilt Mama genau jetzt die ersehnte Dreieckschokolade für das Alpengefühl im Mund – und zwar für jeden eine eigene, und das ist das Allerbeste an der ganzen Fahrt. Der Rest vergeht wie üblich wie im Flug und endlich sind sie da.

Nachdem Jette und Tom den Hofhund, das Pferd, die Katzen und die Ziegen begrüßt, Hühnereier gesammelt, im Bach geplanscht und beim Holzofenbrotbacken geholfen haben, fallen sie abends glücklich und hundemüde ins Bett.

»Frischluftschock«, sagt Mama zufrieden.

Am nächsten Tag begleiten die Geschwister den Bauern in aller Frühe zum Melken in den Kuhstall. Besonders Jette macht das riesig Spaß. Sie findet den Gestank weder unangenehm noch eklig und hat auch überhaupt keine Angst vor den großen Tieren und ihren peitschenden Schwänzen, mit denen sie unermüdlich die Fliegen vertreiben.

Tom hält lieber Abstand von den Kühen, auch wenn sie ihn mit ihren großen Augen freundlich anblinzeln.

Er interessiert sich für etwas anderes. Tom hat nämlich eine Leidenschaft für Vögel. Und die, die hier im Kuhstall nisten, liebt er ganz besonders.

Wunderhübsche Mehlschwalben sind es. Mit ihrem weißen Bauch und den ebenso hell befiederten Beinen sehen sie aus, als hätten sie im Mehl gesessen. Und tatsächlich gibt es ein Nest hoch oben unter der Decke, aus dem Herr und Frau Schwalbe eifrig ein- und ausfliegen.

»Die bringen Glück«, erklärt der Bauer, als er Toms Blick bemerkt. »Jeder Hof und jedes Haus sollte ein Schwalbennest haben. Und sie fressen Mücken und Fliegen.«

»Aber nach drei Fliegen sind sie bestimmt satt«, sagt Tom.

»Aber nein!« Der Bauer lacht. »Pro Tag«, erklärt er, »fressen sie mehr als die Hälfte ihres eigenen Gewichts. Überleg mal, so eine Mücke wiegt ja fast nichts, da kommt ganz schön was zusammen. Was schätzt ihr?«

»Fünfzig«, ruft Jette, und ihre Kuh muht bestätigend.

»Hundert«, sagt Tom.

Der Bauer winkt ab. »Ha!«, sagt er. »Es sind zweitausendfünfhundert pro Vogel und Tag.«

»Was?«, rufen Tom und Jette.

»Und noch was: Die Schwalben bekommen zweimal im Jahr Nachwuchs, und für jede Brut verfüttern sie zusätzlich ein ganzes Kilo Insekten!«, erklärt der Bauer.

»Hammer!«, sagt Tom beeindruckt und sieht den Schwalben nach, wie sie tief über der Wiese in akrobatischen Flugmanövern auf Jagd gehen.

»Wenn die Schwalben niedrig fliegen, wer'ma Regenwetter kriegen«, sagt der Bauer. »Aber eigentlich sind's nicht die Schwalben, die den Regen ankündigen, sondern die Fliegen. Wenn's oben schon feucht wird, finden sie's ungemütlich.«

Am nächsten Tag regnet es tatsächlich, und das Wasser perlt in langen Schnüren ohne Unterlass vom Himmel.

Als Jette und Tom genug gelesen, ferngesehen und gepuzzelt haben, scheucht Mama sie nach draußen.

»Ihr könnt sonst heute Abend nicht einschlafen, wenn ihr euch nicht ein wenig bewegt«, sagt sie.

»Aber ihr auch nicht«, protestiert Jette. »Mitkommen, mitkommen.«

»Och«, Mama zieht die Schultern hoch und kuschelt sich an Papa, »ist so nass draußen.«

Jette und Tom lachen. »Typisch Eltern!«

Als die beiden wenig später unschlüssig auf dem Hof herumstehen und nicht recht wissen, was sie nun tun sollen, bemerken sie plötzlich einen Schwarm Schwalben aufgeregt zwischen Feldweg und Schuppen hin- und herflitzen.

»Was machen die denn da?«, fragt Tom.

»Komm, wir gehen gucken«, sagt Jette und will gerade loslaufen, als Tom sie am Regencape festhält.

»Warte, wir schleichen uns an, sonst verscheuchen wir sie bloß«, sagt er und deutet auf den Brennholzstapel, der ein gutes Versteck ist.

Die beiden laufen in einem Bogen und schleichen sich von hinten an den

Stapel. Von hier aus haben sie eine prima Sicht, und die Schwalben fühlen sich nicht gestört. Eine große, schlammige Pfütze ist es, die sie wieder und wieder ansteuern, in ihr landen und wieder davonfliegen.

»Zuerst dachte ich, sie baden«, wispert Tom, als sie das rege Treiben eine Weile beobachtet haben. »Aber ich weiß jetzt, was sie da machen …«

»Trinken?«, fragt Jette, doch Tom schüttelt den Kopf.

»Fressen?«, schlägt sie vor. »Aber eigentlich holen sie sich die Insekten ja aus der Luft …«

»Nee«, sagt Tom. »Nix davon. Sie holen sich Lehm! Für ihre Nester!«

»Ach …«, sagt Jette verblüfft.

Natürlich weiß sie, dass Schwalben ihre Nester wie Erker aus Matsch an die glatten Wände kleben, aber sie hat sich noch nie Gedanken darüber gemacht, wo die kleinen Vögel ihr Baumaterial wohl herbekommen.

»Das sind bestimmt alles Nachbarn«, sagt Tom und zeigt auf den Schuppen. »Komm.«

Geduckt huschen sie den Schwalben hinterher. Und wirklich! Wie in einer Reihenhaussiedlung kleben nebeneinander drei winzige, halb fertige Nester unter dem Dach.

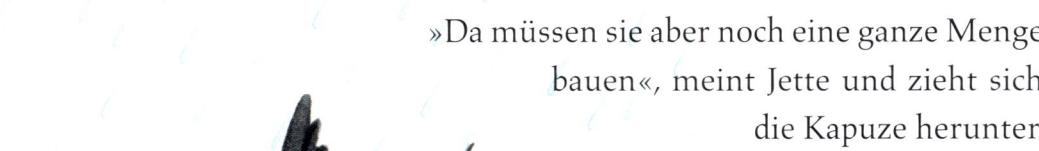

»Da müssen sie aber noch eine ganze Menge bauen«, meint Jette und zieht sich die Kapuze herunter.

»Hallo, Sonnenschein!«, ruft sie. Endlich hat der Regen aufgehört. »Ich bin im Pferdestall«, ruft Jette und stürmt davon.

»Ja, 'ne Menge, stimmt …«, murmelt Tom und runzelt die Stirn.

Als die Schwalben nach einer ganzen Weile eine Baupause einlegen, geht er zur Pfütze und betrachtet sie nachdenklich. Das gibt's doch nicht: Die Sonne scheint gerade mal für eine Stunde, und die Pfütze ist schon so gut wie ausgetrocknet. Da wird nicht mehr viel Baumaterial für die Mehlschwalben zu holen sein.

In den nächsten Tagen gehen Tom und Jette immer wieder zum Schuppen, um die Schwalben beim Nestbau zu beobachten, doch die Fortschritte gehen nur langsam voran.

Als die Nester am vierten Tag immer noch nicht so aussehen, als könne man auch nur annähernd einziehen, und Papas Wetter-App für die nächsten Wochen eine astreine Hochwetterlage ankündigt, ist Tom klar, dass er etwas unternehmen muss.

Aber wie kann er den Schwalben nur helfen?

Als er sieht, wie die Bäuerin frisches Wasser für die Katzen in die Näpfe gießt, kommt ihm endlich die ersehnte Idee!

»Wenn es nicht regnet, muss ich eben der Regen sein«, ruft er und läuft in den Garten des Bauernhauses, in dem es nicht nur Gemüse, Obst und Blumen gibt, sondern auch drei große Gießkannen und jede Menge Gartenschaufeln. Tom steckt sich eine Schaufel in die Hosentasche und füllt eine Kanne randvoll mit Wasser. Ächzend schleppt er sie auf den Feldweg zu der Mulde, die vor ein paar Tagen noch mit Regenwasser gefüllt war. Dann gießt er langsam Wasser hinein, bis der Boden so nass ist, dass nichts mehr versickert, sondern sich eine kleine Lache bildet. Mit dem Schäufelchen lockert Tom den lehmigen Untergrund etwas auf und rührt so lange darin herum, bis sich ein schlammiger Brei gebildet hat. Da fällt Tom noch etwas ein. Gucken aus dem Lehm der Schwalbennester im Kuhstall nicht auch Strohhalme heraus?

Tom läuft zum Pferdestall und rupft eine Handvoll Stroh aus dem Ballen. Sicherheitshalber nimmt er auch noch etwas Heu mit. Dann hockt er sich wieder vor die Lehmpfütze, zerrupft die Stängel in kleine Schnipsel und mischt sie zusammen mit etwas Wasser unter den Schmodder der Pfütze.

»Perfektes Baumaterial!«, ruft er laut. »Jetzt könnt ihr kommen!«

Rasch versteckt sich Tom hinter dem Holzstapel. Werden die Schwalben seine künstliche Schlammpfütze finden?

Doch als sich auch nach einer schieren Ewigkeit immer noch keine Schwalbe blicken lässt, beschließt Tom, zum Hof zurückzugehen. Das gibt's doch nicht, denkt er enttäuscht. Dabei war sein Plan so logisch und das Ergebnis richtig schön matschig.

»Dann halt nicht«, murmelt Tom und klingt fast ein wenig beleidigt, als er hinter dem Holzstapel hervorkriecht.

Doch auf einmal sind sie da.

Blitzschnell duckt sich Tom wieder ins Versteck. Es hat geklappt!

Er kann ganz genau beobachten, wie die Mehlschwalben Lehm und matschige Halme mit dem Schnabel aufnehmen und damit in Richtung Schuppen davonfliegen.

Tom kann sich gar nicht sattsehen. Erst als Mama nach ihm ruft, läuft er zum Hof zurück.

»Ich habe eine Schwalbenpfütze erfunden!«, jubelt er glücklich und kann es kaum erwarten, allen davon zu erzählen.

Regenmacher

Es gibt viele Orte auf der Welt, an denen regnet es nur sehr selten. Manchmal so wenig, dass die Ernte auf den Feldern zu verdorren droht und die Menschen hungern müssen.

In früheren Zeiten war es üblich, die Regengötter mithilfe von Beschwörungen und Tänzen zu bitten, endlich den erhofften Regen zu schicken. Die südamerikanischen Indianer (heute bezeichnet man diese Menschen als indigene Bevölkerung Südamerikas) haben für ein solches Ritual Regenmacher aus Kakteen benutzt. Wenn sie das Instrument geschüttelt haben, klang sein Geräusch wie das typische Rauschen des ersehnten Regens.

Auch du kannst dir einen Regenmacher basteln, denn sein sanftes Regengeräusch ist so beruhigend, dass man es sich immer wieder gerne anhört.

Dein Material:

* eine leere, feste Papprolle (z. B. von Stapelchips)
* Kleber, Washi-Tape, Stifte, Packpapier (oder siehe Basteltipp Regenbilder, S. 70), Material zur Verzierung (Federn, Funkelsteine …)
* erste Füllung: Maiskörner, Bohnen oder Reis
* zweite Füllung: Draht, Nägel oder Alufolie

So geht's:

Damit die Körner, mit denen du die Röhre füllst, nicht einfach in einem Rutsch von oben nach unten plumpsen, was sich dann überhaupt nicht wie Regen anhören würde, müssen wir uns etwas überlegen, damit sie langsam rieseln. Also muss etwas in die Röhre gelegt werden, das sie ein wenig aufhält. Dazu hast du drei Möglichkeiten:

* Entweder rollst du einen Meter Alufolie zu einer fingerdicken Schlange und formst sie dann wie eine Spirale. Nun legst du diese Spirale in die Rolle und verschließt den Regenmacher an einer Seite (das machst du auch bei den beiden folgenden Möglichkeiten).
* Du kannst aber auch Nägel von außen in die Pappe hineindrücken, und zwar in einem Muster, das aussieht, als würdest du eine Girlande eng um die Rolle wickeln. Pikse Nagel für Nagel in etwa einem Zentimeter Abstand.
* Oder du füllst deine Pappröhre mit unterschiedlich langen und dicken Spiralen aus Basteldraht. Wickle dafür den Basteldraht so lange um deinen Zeigefinger, bis eine Spirale entstanden ist. Forme auch Spiralen, bei denen du den Draht um zwei Finger wickelst oder auch mal um drei. Wickle sie mal dichter, mal lockerer und fülle sie dann in deine Papprolle.

Nun wird es Zeit, dass der Regen hineinkommt!

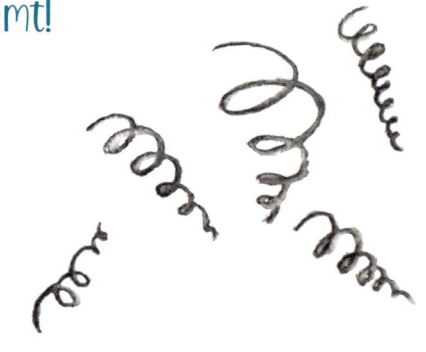

* Befülle deinen Regenmacher mit einer Mischung aus einer Handvoll Mais oder Bohnen zusammen mit Reis.
* Nur Mais oder Bohnen allein ergeben einen Hagelklang, nur Reis klingt meistens zu

sanft, es kommt also auf die richtige Mischung und Menge an. Hier musst du einfach ein wenig experimentieren und dich auf dein Gehör verlassen.

* Verschließe den Regenmacher nun auch auf der zweiten Seite.

Jetzt geht's ans Verzieren:

* Auf dem Packpapier kannst du dich austoben, bevor du es um die Rolle klebst. Buntes Washi-Tape, Federn, Glitzerkleber und Funkelsteine machen deinen Regenmacher zu einem wahren Schmuckstück. Oder du blätterst vor auf Seite 70 und nimmst eines deiner Regenbilder dafür …

Fertig!

Ist es zufällig sonnig? Dann los, probier doch mal, ob du mit deinem magischen Instrument den Regen herbeirufen kannst!

Gegen den Regen

Gegen den Regen: ein Traktor auf Ackerwegen,
Matrosen auf Stegen,
Ritter mit Degen.
Gegen den Regen: Hausmeister beim Fegen,
Schulkinder auf Heimwegen,
Fischer in Norwegen.
Gegen den Regen: Schirme auf Gehwegen,
nasse Berufskollegen,
Lamas in Wildgehegen.
Gegen den Regen: mit geblähten Segeln,
vermummt auf Radwegen,
Herbstblätter auf Umwegen.
Heute mal kein Regen?
Welch ein Segen!

Große Regengemütlichkeit

Hier wohnt Clara mit Mama und Katze Kukka.

An der Küche gibt es einen winzigen Balkon. Er führt zum Hinterhof hinaus, und wenn man den Kopf ziemlich schräg auf die linke Schulter legt, kann man in den Himmel sehen.

Und aus diesem kleinen Himmelsstückchen fällt heute nichts als Regen.

»Das wird heute nix mit dem Ausflug.« Clara seufzt und streichelt Kukka über ihr kleines Pelzgesicht. Verschlafen liegt die Katze in ihrer Armbeuge.

»Mack-mah«, schnackert Kukka zufrieden. Ihr ist es sowieso am liebsten, wenn alle zu Hause sind und sie jemanden zum Spielen und Kuscheln hat. Wohlig fängt sie an zu schurren. Brrr-brrr, brummelt das Geräusch unablässig wie ein kleiner Motor aus ihrem Körper.

»Aber ich hab mich so drauf gefreut …«, murmelt Clara in ihr Fell.

Kukka spitzt die Ohren. Sie merkt sofort, wenn mit Clara irgendwas nicht stimmt. Und zurzeit stimmt oft etwas nicht.

»Mjaaa?«, maunzt sie, und es klingt wie »Was ist denn los?«.

Clara zwinkert die aufkommenden Tränen weg. »Wegen Mama und allem halt«, sagt sie und lässt sich auf einen Küchenstuhl plumpsen.

»Mau?«, will Kukka wissen, springt von Claras Schoß und sieht sie aufmerksam an.

»Ach, keine Ahnung …« Clara schnieft. »Wenn Mama vom Arbeiten nach Hause kommt, hat sie immer Kopfschmerzen und ist total müde. Wenn ich ihr was erzählen will, hört sie gar nicht richtig zu. Heute wollten wir ins Parkcafé Eis essen gehen, und jetzt regnet's auch noch … Wo Mama sowieso nie Zeit für mich hat und wir's schon hundert Mal verschoben haben. Ich glaube, sie hat mich überhaupt nicht mehr lieb.« Jetzt muss Clara doch weinen. »Dauernd muss sie arbeiten und noch was vorbereiten und am Schreibtisch sitzen und Kummer haben und sich Sorgen machen und nachdenken und …«

»Schschsch«, macht Kukka, und Clara sieht auf.

»Was?«, fragt sie verwirrt und wischt sich über die Augen.

»Du hast gerade etwas ziemlich Dummes gesagt«, antwortet Kukka, zuckt mit der Pfote und beginnt sich zu putzen.

»WAS?«, ruft Clara noch mal und kniet sich vor ihre Katze. »Du kannst reden?« Clara kreischt beinahe vor Aufregung.

»Schschsch«, macht Kukka wieder. »Normalerweise kann ich das nicht, aber heute mache ich mal eine Ausnahme«, erklärt sie, und Clara starrt fasziniert auf das winzige Katzenmaul, das beim Sprechen so ganz anders aussieht als sonst.

»Ohhh«, haucht Clara bloß.

»Wie gesagt, das eben war Quatsch«, wiederholt Kukka. »Selbstverständlich liebt Mama dich. Und zwar wie verrückt.«

»Und woher weißt du das?«, fragt Clara, als es ihr endlich gelingt, einen klaren Gedanken zu fassen.

»Na, weil sie so viel arbeitet, ständig nachdenkt, sich dauernd Sorgen macht …«, zählt Kukka auf.

»Verstehe ich nicht«, murmelt Clara.

Kukka springt wieder auf ihren Schoß. »Guck mal, die Sache ist doch die: Erwachsene sind auch nur groß gewordene Kinder«, erklärt Kukka. »Und deshalb brauchen sie genauso jemanden, der sich um sie kümmert, der sich um sie sorgt, der sie umarmt und der ihnen beisteht. Und manchmal hat man so jemanden nicht, muss alles allein machen, alles allein entscheiden, sich allein sorgen, allein Kopfschmerzen haben und allein nachdenken. Und weil Mama keine Superkräfte hat, kommt immer was zu kurz, nämlich meistens du, und schwupps, macht sie sich auch noch dauernd Vorwürfe. Das ist total stressig.« Kukka schließt wohlig die Augen, als Clara beginnt, sie am Hals zu kraulen.

»Dann bin ich halt dieser Jemand«, schlägt Clara nach einer Weile vor.

Kukka schüttelt den Kopf. »Dafür sind Kinder nicht zuständig, für diese Dinge braucht man einen anderen Erwachsenen. Aber du kannst trotzdem was tun.«

»Ja?«, fragt Clara. »Sag, was?«

»Mmmmrauu«, gurgelt Kukka und gähnt statt einer Antwort.

»He«, sagt Clara. »Warte, du kannst doch immer noch sprechen, oder?«

Kukka lacht. »Klar. Pass auf. Weißt du, was Vorwürfe sind?«

Clara nickt zögerlich, weil sie nicht ganz sicher ist, worauf Kukka hinauswill.

»Von denen haben wir im Moment nämlich einfach zu viele hier … rumstehen sozusagen. Wir müssen sie dringend aussortieren und wegschmeißen.«

»Okay?«, sagt Clara. Sie versteht nicht ganz, was Kukka meint.

»Die Vorwürfe, die du vorhin aufgezählt hast, dass Mama dich nicht mehr lieb hat und immer gestresst ist, alle weg damit. Und Mama? Sie macht sich mindestens fünfzig am Tag, die alle damit zusammenhängen, dass sie zu wenig Zeit für dich hat. Auch weg damit, einverstanden?«

Clara überlegt. »Aber sie hat ja wirklich zu …«

Kukka legt Clara ihre warme, weiche Pfote auf den Handrücken.

»Ja, Clärchen, aber doch nicht, weil sie dich nicht lieb hat. Manchmal kann es passieren, dass das Leben für eine Zeit lang ungemütlicher ist als sonst, aber dafür kann Mama nichts. Genauso wenig wie dafür, dass es heute regnet. Aber ohne diese blöden Vorwürfe, die wie riesige, sperrige, schmutzige Kartons hier überall rumstehen und alles zubauen, sodass ihr euch gar nicht mehr sehen könnt, ist es schon viel übersichtlicher, oder?«

Clara nickt. So hat sie das noch gar nicht gesehen. »Kommen die Vorwürfe zum Altpapier?«, platzt sie heraus, und ein Kichern ballt sich in ihrem Bauch zusammen.

»Sondermüll«, erwidert Kukka. »Die will ja keiner anfassen und schon gar nicht recyceln.«

Clara bekommt einen Lachanfall. Plötzlich fühlt sich alles überhaupt nicht mehr so schlimm an.

»Und …«, sagt Kukka mit einem Blick zum Küchenfenster, an dem dicke Tropfen hinablaufen, »wenn ihr nicht zum Café gehen könnt, kommt das Café eben zu euch, was hältst du davon?«

»Guuute Idee!«, ruft Clara, gibt Kukka einen Kuss, setzt sie behutsam auf den Boden und sieht auf die Küchenuhr. »Noch vierzig Minuten, bis Mama kommt. Das schaffe ich.«

Als Erstes sammelt Clara alle Kissen und Decken zusammen und legt sie vor das große Bodenfenster im Wohnzimmer. Dann deckt sie die kleine Fläche zwischen den Kissenbergen mit Tellern, Tassen und Servietten. Sie kocht eine Kanne Himbeer-Vanille-Tee, den sie beide so gerne trinken, füllt Kandiszucker in ein Schälchen und schiebt eine Packung Aufback-Croissants in den Ofen. Jetzt fehlen nur noch Besteck, Butter und Erdbeermarmelade. Und gerade als Clara den Korb mit den duftenden Croissants abgestellt hat und beginnt, die vielen flackernden LED-Kerzen anzuknipsen, die sie rund um ihr kleines Café aufgestellt hat, kommt Mama zur Wohnungstür herein.

Wasser tropft aus ihren Haaren, und an ihren Armen zerren zwei ausgebeulte Einkaufstüten.

»Clärchen-Schatz, tut mir so leid …«, beginnt Mama, stellt ächzend die Taschen ab und schält sich aus ihrem nassen Mantel, »aber ich glaube …«

»Schschsch«, macht Clara, ganz wie Kukka eben, hält den Finger an die Lippen und führt Mama ins Wohnzimmer.

»Herzlich willkommen in Claras gemütlichem Regen-Café«, sagt sie, und Kukka streicht ihnen freundlich um die Beine.

»Wow«, haucht Mama, streift sich die Schuhe ab und lässt sich in die Kissenberge sinken. »Ist das schön!« Sie seufzt.

Und als die beiden genug süßen Tee geschlürft haben und die Croissants verspeist sind, kuschelt sich Clara eng an Mama, während es draußen immer noch schüttet und Kukka auf einem Kissen eingeschlafen ist. Mama hält Clara eng umschlungen.

»Ich hab dich so so so lieb«, murmelt Mama.

»Ich dich auch«, sagt Clara.

»Das ist der schönste Regennachmittag meines Lebens«, sagt Mama.

»Meiner auch«, meint Clara glücklich.

»Was für eine tolle Idee«, lobt Mama.

»War Kukkas«, flüstert Clara.

»Mieck«, macht Kukka, und Mama lächelt.

Der arme Poet

In einem kleinen, engen Stübchen
sitzt ein Dichter – er hat Grübchen,
denkt und denkt, nagt an dem Stift,
aber ganz so einfach ist es nicht.

Es soll was über Regen werden
und wie er fällt hinab auf Erden,
dass es nass ist, trübes Licht,
so was soll in das Gedicht.

Doch vor dem Fensterchen zum Hof
ist jede Menge andres los:
Vögel zwitschern, Kinder lachen,
jeder macht so Sommersachen.
Die Sonne strahlt ihm ins Gesicht,
nee, das darf nicht ins Gedicht.

Der Poet, nackig bloß in Unterhose,
sucht schwitzend nach der Steckerdose.
»Ahhh!« Der Ventilator brummt und surrt,
weht ihm die leeren Blätter fort.

Verflixt noch mal, das wird nix mehr,
des Dichters Hirn ist trocken, leer.
»Ein Nickerchen wär doch jetzt nett«,
murmelt er und fällt ins Bett.

Im Traum muss er vor lauter Regen
mit einem Boot vom Steg ablegen.
Tropfen trüben seine Sicht,
ja, das soll später ins Gedicht.

Einmal meint er sogar fast,
sein Gesicht wär regennass.
Und im halben Schlafe noch
hält er den Schirm unter das Loch.

Als am späten Nachmittage
der Dichter matt erwacht,
ist der Traum vergessen,
wer hätte das gedacht.
Missmutig nach draußen schauend,
kann er nicht den Augen trauen:

Mit heißer Zunge, großem Gieren,
schleckt die Sonne letzte Schlieren
aus dem kurzen Regenschauer,
von Pflaster, Straße, Spitzweg, Mauer.

Wie konnte das denn nur geschehen,
einen Regensturz zu übersehen?
Das Ganze nimmt kein Happy End,
er hat's Gewitter glatt verpennt!

Da wird der Dichter aber sauer,
verfasst vor Wut bloß noch Kalauer.
So nennt man dumme Sprüchewitze,
kein Wunder bei der Sommerhitze.

Nach drei Stunden hat er dann,
was man kaum laut lesen kann:
»Auf Regen, da folgt Sonnenschein,
doch das interessiert ja eh kein Schwein.«

Der Wasserspeierdrache

Ich sitze am Schreibtisch und denke nach. Mein Buch über den Regen ist erst halb fertig … Was soll ich bloß noch schreiben?

Ich sehe nach draußen.

Passenderweise regnet es in Strömen. Ein beeindruckender sommerlicher Starkregen.

Könnte nicht die Sonne scheinen? Dann hätte ich wenigstens eine Ausrede, warum mir einfach keine Regengeschichte einfallen will.

Als Lockerungsübung male ich ein paar Kringel auf meine Schreibtischunterlage. Es sind schon einige zusammengekommen. Sterne auch. Und Verbindungslinien zwischen den Kringeln und den Sternen. Sieht eigentlich ganz schön aus. Könnte ich noch den ganzen Tag machen … Bald brauche ich ein neues Blatt Papier … Hm, fast zu schade zum Wegwerfen. Ob man damit auch ein Geschenk einpacken kann? Wem könnte ich denn was schenken, mal überlegen … Ah, hier passt noch ein Kringel hin … Ui, ich sollte dringend den Bleistift spitzen … Ich habe da nämlich diese feine Spitzmaschine, bei der man an einer Kurbel drehen muss, und weil das so viel Spaß macht, hat man ruckzuck den ganzen Bleistift klitzeklein geraspelt.

»Du könntest über mich schreiben«, sagt da eine tiefe, blecherne Stimme.

Ich erschrecke mich nicht sonderlich. Schriftstellern spuken die seltsamsten Sachen durch den Kopf, da ist eine komische Stimme, während man auf Ideensuche ist, eigentlich völlig normal.

»Ha, ha«, antworte ich der unsichtbaren Idee, weil ich mit diesem Vorschlag so gar nichts anfangen kann. In meinem Kopf ist nämlich unüblicherweise kein Bild dazu aufgetaucht.

Ich stecke den Bleistift in die Kurbelmaschine und drehe ein paar Runden. Hm, wie lecker ein frisch gespitzter Holzstift duftet!

»Ich bin hier, direkt vor deinem Fenster«, meldet sich die Stimme erneut.

Und jetzt wird mir doch ein wenig unheimlich, denn das ist nicht das altbekannte Geplapper meiner Gedanken, es scheint tatsächlich jemand mit mir zu reden. Ich stelle die Spitzmaschine zurück ins Regal, schlüpfe in meine Strickjacke und trete, mit dem heißen Teebecher in der Hand, zum Fenster und sehe hinaus.

Nur so ganz beiläufig.

Als wolle ich bloß mal nachsehen, was draußen los ist. Ein wenig nachdenklich in den Regen starren, wie man das hin und wieder so tut.

Mit klopfendem Herzen rolle ich jedoch meine Augen in jede mögliche Richtung, um, nur gaaanz nebenbei, zu erkunden, wo diese Stimme hergekommen sein könnte. Nein, da sitzt kein Kobold auf meinem Fensterbrett, kein Gespenst hat sich vor dem Regen unter das kleine Dächlein geflüchtet, und es steht auch kein regennasser Fußgänger in meinem Vorgarten herum.

»Hier oben«, wispert die Stimme, und ich pruste vor Schreck in den Tee.

Ich stelle den Becher sicherheitshalber außer Reichweite und sehe schräg an der Hauswand nach oben.

»Ach, du Schreck«, sage ich, weil ich diesen Ausdruck gern verwende, und reiße die Augen auf.

Da ist tatsächlich jemand.

Also etwas.

Ein Drache.

Genauer gesagt, ein Wasser speiender Drache. Nein, ein Regenwasser speiender Drache!

»Exakt«, sagt der Drache gurgelnd, während ihm wahre Sturzbäche aus dem Maul strömen und direkt in meine Rhododendronbüsche platschen.

Warum ist mir noch nie aufgefallen, dass die Regenrinne einen Wasserspeier besitzt? Einen wahrlich unheimlichen Drachenkopf mit gruseliger Fratze und bedrohlichen Zacken und Zähnen sogar!

»Ebendrum wurde es mal Zeit, dass du über mich schreibst«, grummelt der Drache, und ich nicke wie wild.

Er hat vollkommen recht. Ich schlüpfe aus den Schuhen, klettere auf den Schreibtisch und von dort aufs Fensterbrett. So bin ich ihm am nächsten.

»Ich könnte ein Interview mit dir machen«, schlage ich vor. »Das finden die Kinder bestimmt spannend.«

»Dann los«, erwidert der Drache und speit weiter Regenwasser aus seinem weit aufgerissenen Maul.

»Herr Drache, wie lange sind Sie …« Ich halte inne. »Kann ich dich duzen?«, frage ich.

Der Wasserspeier lacht. »Ich bitte darum«, sagt er.

»Super. Also. Wie lange bist du schon ein Wasserspeier?«, stelle ich meine erste Frage.

»Seit hundert Jahren«, sagt der Drache. »So lange, wie es dein Haus gibt.«

»Mein Haus ist hundert Jahre alt? Das habe ich gar nicht gewusst.«

»Na ja«, sagt der Drache, »vielleicht auch achtundneunzig, so genau habe ich nicht mitgezählt.«

»Und warum bist du keine, äh, gewöhnliche Regenrinne?«, will ich wissen.

Der Drache lacht so laut, dass das Wasser bis auf den Gehweg fällt.

»Wuah«, ruft ein Mann erschrocken und macht einen kleinen Hopser.

»'tschuldigung«, murmelt der Drache verlegen. »Das sollte eigentlich nicht vorkommen. Ich will die Leute ja nicht erschrecken.«

»Nicht?«, frage ich. »Aber du siehst schon ein wenig, na ja, eben nicht wie eine gewöhnliche, freundliche, runde, glatte, harmlose Regenrinne aus.«

»Das hat was mit früher zu tun«, sagt der Drache. »Früher, also in der Vergangenheit, glaubte man noch an Dämonen.«

»Dämonen?«, frage ich. »Was genau meinst du damit?«

»Böse Geister und andere Wesen, die einem Schaden zufügen wollen«, erklärt der Drache.

Ich kriege eine Gänsehaut, angle wieder nach dem heißen Tee, und der Drache erzählt weiter.

»Mit Wasserspeiern wie mir wollte man solche Dämonen abwehren und sie davon abhalten, zu nah ans Haus zu kommen. Wir haben nämlich magische Kräfte.«

»Ja?«, frage ich aufgeregt. »Oh, ich liebe Geschichten mit magischen Kräf-

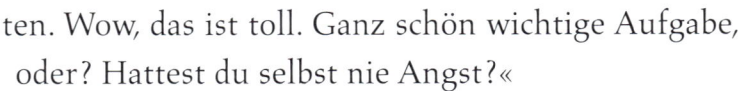

ten. Wow, das ist toll. Ganz schön wichtige Aufgabe, oder? Hattest du selbst nie Angst?«

Der Drache grinst. »Ich kann noch viel scheußlichere Fratzen ziehen.«

»Okay, dann ist ja gut. Und was hat das Ganze mit Regen zu tun? Warum stellte man sich nicht einfach eine Drachenfigur vor die Haustür?«

»Weil man dachte, dass Wasser das beste Mittel gegen Dämonen sei. Das wiederum hat was mit dem Himmel zu tun«, sagt der Drache und nickt in Richtung Wolken.

»Mit dem Himmel? Du meinst, mit dem lieben Gott?«, frage ich nach.

Der Drache nickt. »Regenwasser ist Himmelswasser, und da ist der liebe Gott ja auch irgendwie in der Nähe, deshalb war es umso nützlicher. So, wie das hier auch.« Der Drache streckt fauchend seine gezackte Zunge heraus.

Ich zucke vor Schreck ein wenig zurück. »Pfoah, das ist echt imposant.«

»Ja, nicht wahr? Das Zungerausstrecken galt auch als Maßnahme gegen Dämonen. Und das Speien noch viel mehr. Heute sagt man aber nicht mehr speien, sondern spucken.«

»Ich verstehe«, sage ich beeindruckt. »In dir sind also jede Menge Schutzstrategien vereint: Du als Drache bist ein magisches Wesen, mit deiner Kraft verbreitest du Furcht und Schrecken, und noch dazu speist du mit hochwirksamem Abwehrwasser nur so um dich. Mannomann. Es ist wirklich gut zu wissen, dass du da draußen vor meinem Fenster auf mich aufpasst. Du bist ein echter Held, weißt du das? Danke!«

Für einen kurzen Moment bringt mein Lob den Drachen so aus dem Konzept, dass er sich am Regenwasser verschluckt und einen gurgelnden Schluckaufanfall bekommt.

»A-hack-halso«, hickst er, »das ist mir in huck-hundert Jahren noch nicht pack-passiert.«

»Du, Drache«, sage ich, als er wieder einigermaßen normal speien kann, »können wir vielleicht später weiterreden, ich muss das alles mal schnell aufschreiben, damit ich es nicht vergesse«, erkläre ich und krabble vom Fensterbrett auf den Schreibtisch und von dort direkt auf meinen Stuhl.

Dann hört man eine sehr lange Weile nur das Klackern der Tastatur …

… und hin und wieder das verschämte Hicksen meines neuen Wasserspeier-Drachen-Helden-Freundes.

Komm, wir malen mit dem Regen

Was für ein herrlich klitschenasser Malspaß das jetzt gleich wird, pass nur auf!

Diesmal kommt das Wasser für die Farben nämlich nicht aus dem Malbecher oder dem Wasserglas, oh nein! Wir gehen raus und lassen den Regen unser Bild malen.

Dazu schlieren und klecksen wir zuerst ein paar schöne, bunte Tupfer mit Fingerfarbe auf einen Malkarton oder ein nicht zu dünnes Blatt Papier und werfen uns dann rasch in die Regenklamotten – schnell, schnell, nicht dass es ausgerechnet jetzt wieder aufhört.

Hey, wir brauchen nicht mal einen Schirm, guck, wir halten das Papier einfach über unseren Kopf, jetzt kann es direkt draufregnen.

Du kannst deinen Malkarton aber auch auf den Boden legen oder irgendwo anlehnen, ganz egal, die Regentropfen werden jedes Mal ein anderes Muster zeichnen.

Oh, schau nur, wie die Farbe fließt, wie sie sich vermischt und verstrudelt.

Danke, lieber Regen, das hast du prima gemacht.

Ich will gleich noch ein Regenbild machen!

Aber diesmal nehmen wir dazu Farben aus der Natur. Ich setze ein Häufchen Erde auf mein Papier, wir können Gras und Blütenblätter zerreiben oder zusehen, was der Regen mit den Safttropfen einer Kirsche macht …

Wenn du irgendwann gar nicht mehr weißt, was du mit all deinen zahlreichen Regenbildern anfangen sollst, kannst du diese besonderen Kunstwerke auch wunderbar als Geschenkpapier benutzen oder dazu, deinen Regenmacher (schau auf Seite 51) damit zu verzieren.

71

Zwei Onkel und ein Regenbogen

»Hey, Kumpel!«, ruft Onkel Dennis und hebt Ben in seine Arme. »Uff, schon wieder schwerer geworden. Schön, dass du da bist!« Onkel Dennis lässt seinen Neffen wieder runter und nimmt Mama den Rucksack ab.

»Sorry, ich muss mich ganz schnell verabschieden, ich stehe im Halteverbot. Tschüss, Benni-Schatz, pass auf dich auf und habt viel Spaß zusammen«, sagt sie und drückt Ben an sich.

»Alles klar, Mama«, sagt Ben grinsend.

»Werden wir haben, Schwesterherz«, meint Onkel Dennis. »Wir machen uns zwei richtig schöne Männertage, was?«

Ben nickt begeistert, und Mama stürmt lachend die Treppen hinunter.

»Wie schön, dass deine Eltern mal wieder Lust auf ihr langweiliges Wanderwochenende haben, was?« Onkel Dennis schiebt Ben in die Wohnung. »Ich habe deinen Lieblingskuchen gebacken«, sagt er. »Schokotorte mit Schokocremefüllung und Schokoguss, verziert mit Schokotropfen. Mehr Schoko ging nicht.«

»Yesss!«, ruft Ben, schält sich aus der Jacke und setzt sich an den Tisch.

Die riesige Torte duftet, dass einem das Wasser im Mund zusammenläuft.

»Jetzt schnabulieren wir, und nachher, wenn Pete da ist, gehen wir im Park Fußball spielen«, sagt Onkel Dennis und sprüht so viel Sahne auf Bens Kakao, dass sie langsam außen am Becher hinabfließt.

»Au ja«, Ben nickt begeistert. Auf ein Männerwochenende mit Onkel Dennis und Onkel Pete freut er sich immer schon Wochen vorher.

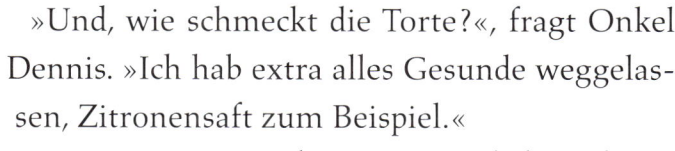

»Und, wie schmeckt die Torte?«, fragt Onkel Dennis. »Ich hab extra alles Gesunde weggelassen, Zitronensaft zum Beispiel.«

»Hmmmm«, macht Ben genüsslich, und Onkel Dennis grinst zufrieden.

Eine ganze Weile hört man nur genießerisches Schweigen und das leise Klirren der Kuchengabeln auf den Tellern. Doch auf einmal wird die wohlige Schokoladenkuchenschnabulierstille von einem unheilvollen Grollen unterbrochen.

»Mist, Gewitter!«, sagen Onkel Dennis und Ben wie aus einem Mund. Und nur Sekunden später platschen die ersten Tropfen an die Scheiben.

»Mein armes Basilikum!«, ruft Onkel Dennis und stürzt auf den Balkon, um die Pflanze zu retten. »Diese sensiblen Supermarktpflänzchen vertragen ja kein echtes Wetter«, sagt er und stellt den Topf aufs Fensterbrett.

»Och menno«, sagt Ben und starrt grimmig nach draußen.

»Och menno?«, fragt Onkel Dennis. »Wieso, spielen wir später halt nicht Fußball, sondern Matschball.«

»Echt?«, fragt Ben.

»Logisch«, sagt Onkel Dennis. »Außerdem kommt nachher bestimmt wieder die Sonne raus, hab ich so im Gefühl. Und dann sehen wir vielleicht einen Regenbogen.«

»Ah, Regenbogen!«, ruft Ben, springt auf und holt seinen Rucksack. »Ich muss noch die Hausaufgaben fertig machen. Wir lernen gerade alles übers Wetter.

Heute haben wir den Regenbogen durchgenommen. Wusstest du, dass der eigentlich rund ist?«

Onkel Dennis beginnt den Tisch abzuräumen. »Wie, rund? So wie ein Kreis? Nee, das glaub ich nicht, wie soll das denn gehen?«

»Ich erklär's dir beim Zeichnen«, sagt Ben. »Guck, ich muss den Regenbogen nur noch in den richtigen Farben ausmalen, dann bin ich schon fertig.« Ben sucht die passenden Stifte aus seinem Mäppchen.

»Lila ist oben, und dann kommt Rosa, oder?«, fragt Onkel Dennis und sieht Ben über die Schulter.

»Nee«, sagt Ben und kichert. »Lila ist unten, und Rosa kommt gar nicht vor. Alta, was weißt du eigentlich?«

Onkel Dennis knufft Ben lachend in die Seite.

»Anscheinend nicht viel, merke ich auch grad«, sagt er. »Dann erklär mal.« Onkel Dennis zieht einen Stuhl heran und setzt sich neben Ben.

»Also«, sagt Ben und tippt mit dem Stift auf eine Abbildung auf seinem Arbeitsblatt, »für einen Regenbogen brauchen wir Regen und Sonne. Die Sonne strahlt Licht aus, in alle Richtungen. Für unser Auge ist das Licht einfach nur hell. In Wirklichkeit sind im Sonnenlicht aber alle Grundfarben enthalten. Und die heißen: Rot, Orange, Gelb, Grün, Blau und Violett.«

»Aha!«, sagt Onkel Dennis.

»Das Sonnenlicht trifft auf einen Regentropfen«, Ben zeigt auf das nächste Bild, »und zack, können sich die Sonnenlichtfarben nicht mehr zusammen

ausbreiten, sondern alle ändern ein wenig ihre Richtung. Guck, plötzlich sieht man alle Farben einzeln, wie bei diesen Funkelkristallen, weißt du?«

Onkel Dennis nickt. »Mensch, so einer ist hier doch auch irgendwo in einer Schublade. Ich muss ihn unbedingt aufhängen. Den habe ich mal auf dem Weihnachtsmarkt gekauft, und die Verkäuferin sagte, dass man dann ganz viele kleine Regenbogen im Zimmer hat.«

»Weil sich das Licht drin bricht«, erklärt Ben. »Lichtbrechung«, liest er das Fachwort vor.

»Wow, was ihr alles lernt, toll.« Onkel Dennis nimmt den violetten Stift in die Hand. »Und sag mal, warum ist die Reihenfolge der Farben immer gleich?«

»Warte, das muss ich vorlesen, da war so 'n schwieriges Wort dabei.« Ben blättert um. »Jede Spek-tral-farbe des Lichts wird in einem anderen Winkel an der Wassertropfenwand gebrochen, die dann im Regenbogen untereinander erscheinen.«

»Hammer«, sagt Onkel Dennis.

»Achtung, aber jetzt wird's kompliziert«, warnt Ben.

»Alles klar«, sagt Onkel Dennis und schließt die Augen. »Muss mich konzentrieren …«

»In jedem Wassertropfen werden alle Farben des Sonnenlichts gebrochen, okay?«, fragt Ben.

Onkel Dennis bestätigt das brummend.

»Aber es erreicht nur immer eine Farbe dein Auge«, sagt Ben.

»Hä?«, macht Onkel Dennis.

Ben lacht. »Is so. Die Wassertropfen, aus denen die rote Farbe ankommt, sind ganz oben am Himmel, die von der lila Farbe ganz unten und dazwischen die anderen.«

»Uff«, sagt Onkel Dennis. »Bist du sicher, dass du in die Grundschule gehst und nicht auf die Uni?«

Ben kichert. »Ich weiß noch was.«

»Schieß los«, sagt Onkel Dennis.

»Jeder sieht seinen eigenen Regenbogen«, sagt Ben.

»Nä«, sagt Onkel Dennis.

»Doch.« Ben blättert noch mal um. »Wegen der Winkel. Jede Farbe strahlt ja in ihrem eigenen Winkel ab, aber es kommt auch drauf an, wie die Farbe einen selbst trifft. Wenn ich hundert Meter weiter vor dir stehe, sieht der Regenbogen für mich vielleicht richtig doll kräftig aus, für dich aber eher verwaschen.«

»Ist ja ein Ding«, sagt Onkel Dennis beeindruckt.

»Ach ja, und man muss mit dem Rücken zur Sonne stehen und auf die Regenwand schauen, sonst sieht man keinen Regenbogen«, fällt Ben noch ein.

»Und was war das ganz am Anfang, als du sagtest, der Regenbogen sei eigentlich ein Kreis?«, fragt Onkel Dennis.

Ben zuckt mit den Schultern. »Das hab ich auch nicht ganz verstanden«, gibt er zu. »Aber wenn man ganz viel Glück hat, kann man von weit oben, zum Beispiel aus dem Flugzeug, einen geschlossenen Regenbogenkreis sehen.«

Onkel Dennis macht große Augen.

»Und nachts bei Vollmond kann es sogar einen Mondregenbogen geben«, sagt Ben triumphierend.

»Also jetzt ist Schluss!« Onkel Dennis stöhnt. »Ich bin schon ganz erschöpft von so viel Wissen. Ich kenne nur die Regenbogenhaut im Auge, hier, die Iris. Und Regenbogenforellen. Die schmecken lecker! Außerdem hat es aufgehört zu regnen, wir können also …«

In diesem Moment hören sie einen Schlüssel in der Wohnungstür.

»Ah, Pete ist da«, sagt Onkel Dennis, und Ben springt auf, um seinen anderen Onkel zu begrüßen.

»Uff, kannst du mal aufhören zu wachsen?«, fragt Onkel Pete, als Ben in seine Arme springt.

»Hab ich vorhin auch schon gesagt.« Onkel Dennis schmunzelt. »Hi, Schatz, komm, ich muss dringend Fußball spielen gehen. Ben hat mir eben alles über den Regenbogen beigebracht, mein Kopf braucht frische Luft.«

»Alles klar«, erwidert Onkel Pete, »muss nur kurz Turnschuhe anziehen.« Interessiert linst er im Vorbeigehen auf Bens Schulhefter. »Hui, die reinste Wissenschaft. Weißt du denn auch was über die Symbolik des Regenbogens?«, fragt er.

»Die wer?«, will Ben wissen.

»Symbolik«, wiederholt Onkel Pete. »Das bedeutet, dass der Regenbogen und seine Farben für die Menschen auf der ganzen Welt seit Jahrhunderten schon eine besondere Bedeutung haben.«

»Ehrlich?«, fragt Ben.

»Ja«, sagt Onkel Pete. »Aber mit Kuchen erzählt sich's besser.«

»Nix mehr da, leider«, schwindelt Ben und lacht dann mit Onkel Dennis über Petes entsetzten Gesichtsausdruck.

»Und ich dachte schon …«, sagt Pete und sticht genüsslich mit der Gabel die Tortenspitze ab. »Schaut mal, meine Haut hat total dieselbe Farbe wie der Kuchen.«

»Ich sag ja, du bist so süß, ich könnte dich auffressen«, sagt Onkel Dennis grinsend.

Onkel Pete lacht. »Dafür, Ben, stehen die Farben des Regenbogens nämlich auch. Für Toleranz Menschen gegenüber, die ein bisschen anders sind, als man das so kennt, zum Beispiel, weil sie als Mann mit einem Mann verheiratet sind, so wie Dennis und ich, oder weil sie ein Paar mit verschiedenen Hautfarben sind, so wie …«

»… Pete und ich«, ergänzt Onkel Dennis.

»Genau. Und der Regenbogen ist, wie die weiße Taube auch, ein Symbol für den Frieden«, erklärt Onkel Pete weiter. »In China steht der Regenbogen für die Harmonie des Universums. Überhaupt ist der Regenbogen in vielen Legenden ein Zeichen für die Verbindung zwischen den Göttern und den Menschen. Er kommt sogar in der Bibel vor und soll Gottes Liebe darstellen. Oh, und ich weiß noch was …« Onkel Pete nimmt sich ein zweites Stücke Torte. »Ein irisches Märchen besagt, dass man am Ende eines Regenbogens einen Topf voller Gold findet.«

»An beiden Enden?«, hakt Ben nach.

»Hm«, Onkel Pete denkt kurz nach, »müsste man mal ausprobieren … Ach, und kennst du die australischen Ureinwohner, die Aborigines?«

»Ja, die machen diese tolle Musik mit so speziellen Instrumenten …«, erwidert Ben.

»Didgeridoos«, ergänzt Onkel Pete. »Richtig. Und in der Schöpfungsgeschichte der Aborigines kommt eine Regenbogenschlange vor, die die Welt erschaffen haben soll.«

»Aber das Allerspannendste weiß ich«, ruft Onkel Dennis und zeigt aus dem Fenster.

»Ein Regenbogen, das gibt's ja nicht!«, ruft Ben und dreht sich begeistert zu seinen Onkeln um. »Schnell, wir machen ein Regenbogen-Selfie im Park.«

Und dazu haben natürlich alle große Lust. Rasch schlüpfen die drei in Schuhe und Jacken, schnappen sich den Fußball und laufen los.

Oh, es fühlt sich so super an, zwischen seinen beiden coolen Onkeln dem Regenbogen entgegenzulaufen, denkt Ben.

»Und nach dem Selfie suchen wir noch schnell den Schatz«, schlägt er lachend vor.

»Aber den haben wir doch schon«, sagt Onkel Dennis und drückt Bens rechte Hand.

»Eben«, bestätigt Onkel Pete und drückt seine linke.

Mach doch mal Regen-Tee!

Hast du schon mal Regen-Tee getrunken?

Den Regen dafür zu sammeln, ist gar nicht so einfach, wie es sich anhört.

Da fällt manchmal das Wasser eimerweise vom Himmel, sodass man am besten gleich in Badesachen rausgeht, doch eines ist seltsam: In der Tasse, die du in den Regen gestellt hast, sammelt sich das Wasser nur sehr spärlich, oder sagen wir, viiiel zu langsam.

Diese Regen-Tee-Idee ist also nichts für Durstige, du wirst nämlich die ganze Nacht warten müssen, bis du genügend Wasser zusammenhast. Achte darauf, dass dein Sammelbehälter nur Regen auffängt, der direkt aus dem Himmel kommt, so ist das Wasser am saubersten. Trotzdem musst du dein Regenwasser erst abkochen, bevor du es trinkst, weil es auf seiner Reise Schmutz aus der Luft aufgenommen hat – aber das macht man ja sowieso, wenn man sich einen Tee zubereitet.

Gut, dann also los. Ach, warte mal, das ist doch DIE Gelegenheit … Meinst du, dein Regen-Tee schmeckt irgendwie anders als normaler Tee? Besser oder schlechter? Spezieller oder feiner? Eklig, plurchig oder doch eher köstlich? Mach doch einfach einen Vergleich und koche auf genau dieselbe Art eine Tasse Tee mit Wasser aus dem Hahn und lass deine Familie testen.

Jetzt bin ich gespannt, was ihr sagt …!

Der rote Schirm

Das ist Mister Hountmatton-Windsor, Earl of Chesterfolk-Horsewompton.

Er ist ein sehr feiner Earl und geht niemals ohne einen Schirm, weiße Handschuhe und einen Hut aus dem Haus. Diesen Hut nennt man Melone, weil er aussieht wie eine Honigmelone, nur mit Rand und in Schwarz und halb durchgeschnitten, weshalb es eigentlich wirklich ein seltsamer Name für einen Hut ist.

Nun, jedenfalls ist Mister Hountmatton-Windsor, Earl of Chesterfolk-Horsewompton, heute nicht wie üblich auf seinem Landsitz in Froggelworth-Downfrithington, einer kleinen Grafschaft in der Nähe von Netherplumpton-on-Sea, sondern verlässt eben in diesem Moment sein Stadthaus in London.

Er hat es ziemlich eilig, denn er hat sich vorgenommen, heute in seinem Club zu Mittag zu essen und davor noch einige Sachen zu erledigen. Beim Schneider soll für neue Hemden Maß genommen werden, beim Schuhmacher muss er Reitstiefel in Auftrag geben, und dann, ja, dann hat er den allerwichtigsten Termin überhaupt: Er braucht dringend einen neuen Regenschirm, den letzten hat er wohl mal wieder im Taxi liegen lassen. Doch als Mister Hountmatton-Windsor gemessenen Schrittes zu seinen Erledigungen eilt, nieseln auch schon sachte die ersten Regentröpfchen auf seinen Hut – nein, seinen neuen Regenschirm abzuholen, darf er auf keinen Fall vergessen.

81

Nachdem der Earl of Chesterfolk-Horsewompton die neuen Hemden bestellt und die Stiefel beauftragt hat, nähert er sich dem kleinen Regenschirmgeschäft an der Ecke. Es heißt *Umbrellas for Gentlemen*, also *Regenschirme für feine Herren*, und ist so klein, dass sich nur immer ein einziger Kunde und Mister Smith, der Schirmmacher, gleichzeitig darin aufhalten können. Doch der Earl hat Glück: Obwohl es schon leicht tröpfelt, hat sich noch keine Schlange vor dem Laden gebildet, und er betritt ihn aufatmend.

Die kleine Glocke bimmelt fröhlich, und Mister Hountmatton-Windsor legt erwartungsvoll seinen Abholschein auf den Tresen. In dem winzigen Geschäft ist es so gut wie stockdunkel, was aber nicht weiter schlimm ist, denn Mister Smith kennt sich in seinem Laden besser aus als in seiner Hosentasche, und außerdem sehen die angebotenen Schirme für das ungeübte Auge sowieso alle gleich aus. Denn sie sind alle schwarz, und das passt perfekt zu Mister Hountmatton-Windsor, denn auch er hat noch niemals eine andere Farbe getragen, weder als Anzug noch als Regenschirm. Und so ist auch an diesem Vormittag alles an ihm schwarz, von der Melone bis zu den Schuhen und sogar sein Humor.

Unheilvolles Donnergrollen lässt die Glasscheiben in den altertümlichen Schaufenstern leicht erklirren, und Mister Hountmatton-Windsor muss unwillkürlich lächeln. Das Londoner Regenwetter ist nichts für Eisprinzessinnen, das weiß jedes Kind, doch der Earl of Chesterfolk-Horsewompton mag es genau aus diesem Grund – selbstverständlich nur MIT Schirm.

Deswegen hat er auch diesmal wieder den großen Doppler-Schirm in Auftrag gegeben. Er hat sechzehn Streben und einen Griff aus poliertem Walnussholz. In die Bespannung sollten wie üblich seine Initialen eingestickt werden. Für die Garnfarbe hat er sich ein frisches Graubraun ausgesucht.

Doch für Mister Hountmatton-Windsor ist dieser Schirm nicht einfach nur ein Regenschutz, sondern sehr viel mehr. Er dient als Spazier- und Zeigestock, man kann sich draufstützen, anlehnen oder damit herumfuchteln. Wenn er aufgespannt ist, schützt er auch vor Quer-, Schräg- oder Spritzregen und vor allem vor anderen Menschen, denn mit denen kann der Earl nicht allzu viel anfangen. Geradezu wunderbar unsichtbar fühlt er sich, wenn er unter seinem großen, schwarzen Doppler in den grauen Nieselregen Londons eintaucht. Ja, man könnte sagen, dieser Regenschirm aus Mister Smiths Werkstatt ist für den Earl of Chesterfolk-Horsewompton auch ein wenig wie ein guter Freund.

»Nun, Sir«, sagt Mister Smith gerade und greift unter die Ladentheke, »dann schauen wir mal. Wie immer ein 16er-Doppler in Kohleschwarz mit graubrauner Bestickung? Es ist übrigens ihr fünfzehnter«, setzt er hinzu.

Der Earl zieht so erstaunt seine Augenbrauen hoch, dass die Melone einen kleinen Hüpfer macht. Hat er tatsächlich schon so oft seine geliebten Schirme verloren? Das ist wirklich allerhand. Mister Hountmatton-Windsor beschließt, diesmal besonders gut auf seinen neuen Schirm aufzupassen.

Mister Smith hat nun gefunden, wonach er gesucht hat, und legt einen schwarzen Karton auf die Theke.

Der Earl runzelt die Stirn. Bis jetzt waren seine Schirme nie verpackt, er konnte sie gleich in Gebrauch nehmen und sofort das glatte Holz des Griffes in der Hand spüren.

Mister Smith sieht ihn stolz an. »Das ist neu und modern, man muss mit der Zeit gehen.

Ein gutes Produkt braucht eine hübsche Verpackung«, erklärt er.

Mister Hountmatton-Windsor seufzt. Welch unnötiger Firlefanz! Er legt zwei Fünfzigpfundscheine auf den Tresen, klemmt sich den Karton unter den Arm, tippt sich an die Melone und verlässt den Laden.

Es nieselt inzwischen stärker, und vor dem Geschäft warten bereits vier Herren auf Einlass.

Mister Hountmatton-Windsor schreitet forsch voran, blinzelt erwartungsvoll in den Himmel und beschließt, die Freude des Auspackens und der Inbetriebnahme des neuen Schirms noch ein wenig hinauszuzögern, das Geniesel geht gerade noch als feuchter Nebel durch.

Vielleicht hat der alte Mister Smith ja gar nicht so unrecht mit seiner Verpackungstheorie, denkt der Earl. Der Karton sieht jedenfalls tatsächlich sehr edel aus. Ist das etwa Samt? Der Earl streicht behutsam mit der Hand über die Längsseiten. So könnten sich Maulwürfe anfühlen, denkt er und sieht auf die Uhr. Oha, genug getrödelt, das Mittagessen im Club wird auf die Sekunde pünktlich serviert, und er ist noch niemals zu spät gekommen.

Wieder donnert es, und eine Gruppe Touristen, die sich gerade aus einem Doppeldeckerbus auf den Gehweg ergossen haben, hält sich sicherheitshalber schon mal ihre Stadtpläne über die Köpfe. Mister Hountmatton-Windsor grunzt unwirsch. Immer diese Theatralik wegen des Londoner Regens! Ja, er ist lästig, man braucht Nerven wie Drahtseile, aber ärgerlich ist es trotzdem, dass kein Tourist dieser Welt zu wissen scheint, dass London eine der trockensten Städte in Europa ist! Selbst in Mailand regnet es mehr. Und das ist eine Stadt in Italien! Hier bei ihnen gibt es nur einfach das ganze Jahr über Schauer, nicht nur im Herbst oder Winter, wie man das so kennt.

Der Earl holt tief Luft, kneift die Augen zusammen und quetscht sich zwischen den Touristen hindurch. Dass sie aber auch immer wie eine Herde Schafe alles verstopfen …

»Seht mal, ein echter Londoner«, ruft jemand, und schwupps, ist Mister Hountmatton-Windsor auf mindestens zehn Handyfotos verewigt.

Eilig geht der Earl weiter und kommt bald in eine ruhigere Gegend, in der fast nur noch ebenso schwarz-graue Gestalten unterwegs sind wie er, die auf ihre Handys starren oder mit Aktentaschen bewaffnet hastig von A nach B hetzen.

Und endlich hat auch der trübe Himmel genug vom unheilvollen Gegrummel und öffnet so plötzlich seine Schleusen, dass selbst der mit dem Londoner Platzregen erfahrene Earl rasch unter eine Markise flüchtet, um dort in aller Ruhe seinen neuen Schirmfreund aus dem Karton zu befreien. Und wie es immer so ist, wenn ein plötzlicher Schauer über der City niedergeht, sieht man auf der Straße überall Schirme aufgehen. Soweit der Earl sehen kann, sind sie alle schwarz. Gebückt hasten die grauen Gestalten damit weiter.

Mister Hountmatton-Windsor versucht nun, die Laschen des Kartons aus-einanderzubiegen, und sieht auf die Uhr. Oh dear, das wird knapp! Er klemmt sich den Karton unter den Arm, um seine Handschuhe auszuziehen. Mit ih-nen hat er einfach kein Gefühl in den Fingern und wird noch am Karton he-rumfummeln, bis es Winter geworden ist. Ah, well, jetzt klappt es besser … Der Earl greift in den Karton und zieht den Schirm am Griff heraus.

Dann erstarrt er.

What the hell ist das denn?

Mit großen Augen betrachtet Mister Hountmatton-Windsor den Schirm in seiner Hand.

Denn er ist …

Rot.

Sehr rot.

Knallrot sogar. Und zwar von oben bis unten! Rote Streben, rote Bespan-nung, roter Stiel. Bloß der Griff aus matt glänzendem Kirschholz ist ein wenig dunkler und leuchtet in einem warmen Rostton. Erschüttert dreht der Earl den Schirm in seiner Hand, um das Monogramm in den Stofffalten zu fin-den. Das kann nur eine Verwechslung sein! Er wusste doch gleich, dass diese Luxuskarton-Verpackungssache dummer, neumodischer Humbug ist. Das hat er nun davon, steht hier mit dem auffälligsten und peinlichsten Schirm der Welt mitten im Londoner Dauerregen, bloß weil …

Oh no! Was muss der Earl denn da lesen?

EHW ist dort mit grasgrünem Garn eingestickt, und Mister Hountmatton-Windsor schnappt erschrocken nach Luft. Das sind eindeutig seine Initialen: Elias Hountmatton-Windsor. Hat sich Mister Smith etwa einen Spaß mit ihm erlaubt?

In diesem Moment fegt der Wind mit einer garstigen Böe unter die Markise und durchnässt den Earl mit einem kalten Guss. Ohne zu zögern, quasi reflexartig, spannt Mister Hountmatton-Windsor den Schirm auf und tritt auf den Gehweg. Roter Schirm hin oder her, er kann wegen dieser Katastrophe jetzt nicht noch eine zweite produzieren. Unauffällig sieht er sich um. Es käme ihm jetzt gerade noch gelegen, einen der Herren aus dem Club zu treffen, während er mit diesem stillosen Spielzeugschirm unterwegs ist … Mit Mister Smith wird er gleich nach dem Mittagessen ein gehöriges Wörtchen reden müssen.

Der Earl schließt die Augen zu kleinen Schlitzen, senkt den Kopf und läuft zügig los. Ja, so ist es gut, Nebel, Regen, Hast – es wird ihn schon niemand erkennen …

»Granny!«, ruft da plötzlich ein kleines Mädchen, das ihm an der Hand ihrer Großmutter direkt entgegenkommt.

Um nicht mit den beiden zusammenzustoßen, kann es der Earl nicht verhindern, mitten in einer Pfütze zum Stehen zu kommen.

Die schönen, teuren Ledersohlen, denkt Mister Hountmatton-Windsor. Verärgert sieht er auf.

»Granny«, wiederholt das Mädchen und deutet auf seinen Schirm. »Guck mal, was der Mann für einen tollen roten Schirm hat.« Aufgeregt hopst das Mädchen auf und ab. Schwere, schmutzige Tropfen spritzen dabei von der

Straße auf Mister Hountmatton-Windsors Hosenbeine. »Genau so einen würsche ich mir auch!«, jubelt das Mädchen.

»Oh, Sweetie …«, sagt die Großmutter schmunzelnd und versucht, die Kleine weiterzuziehen. »Komm, wir haben es eilig und der Herr sicherlich auch.«

Da merkt der Earl auf. Diese Stimme kennt er doch …

»Rosie?«, entfährt es ihm, und die alte Dame sieht ihn unsicher an.

Schamesröte steigt dem Earl ins Gesicht. Wie konnte er nur derart die Contenance verlieren und diese … wunderschöne … Frau einfach so ansprechen, nur weil sie ihn an …

»Elias?«, fragt die Großmutter nach einem kurzen Moment vorsichtig zurück.

Das Mädchen sieht fragend von seiner Oma zum Earl, während sie rechts und links von hastenden Schwarzschirmträgern umlaufen werden.

Doch die beiden stehen einfach nur da und sehen sich tief in die Augen. Es scheint, als hätten sie alles um sich herum vergessen. Das Mädchen erschaudert, eine seltsame Gänsehaut ist ihr über die Arme gekrochen. Was geschieht denn hier gerade?

Da räuspern sich ihre Großmutter und der fremde Herr und zwinkern, als wären sie gerade aus einem Traum erwacht. Langsam greift der Earl in seine Brusttasche, fördert eine Visitenkarte zutage und reicht sie der Dame.

»Es würde mir eine große Freude machen, mit einem baldigsten Anruf rechnen zu dürfen«, sagt er, verbeugt sich galant in ihre und in die Richtung des Mädchens und wird nach wenigen Metern vom dichten Regen verschluckt.

»Wer war das denn?«, ruft das kleine Mädchen aufgeregt.

»Das ist eine sehr lange Geschichte«, sagt die Großmutter im Weitergehen.

»Bitte erzähl, Granny!«, ruft das Mädchen.

Die Großmutter lächelt versonnen. »Wenn du nicht diesen roten Schirm gesehen hättest …«, murmelt sie gedankenverloren.

»Erzähl«, bittet das Mädchen noch mal, und die Großmutter beginnt …

Auch der Earl ist auf dem Weg zum Club mit den Gedanken ganz woanders.

»Rosie!«, flüstert er immerzu. »Meine Rosie.«

Dann, urplötzlich, wie das in London oft der Fall ist, kommt auf einmal die Sonne wieder zum Vorschein, und auf Mister Hountmatton-Windsor fällt ein freundlicher Schein, als die Sonnenstrahlen seinen neuen Schirm durchdringen.

Dankbar blickt der Earl in das rote Dach hinauf.

Wenn ich diesen Schirm nicht gehabt hätte …, denkt er überglücklich und beschließt, Mister Smith für seinen ganz besonderen neuen Freund zu danken und ihn NIEMALS wieder zu verlieren – schließlich
hat der rote Schirm ihm geholfen, etwas, nein,
JEMAND ganz Besonderen wiederzufinden.

Der Regenpfeifer

Ein kleiner Vogel, voller Eifer,
stelzt im Regen, dabei pfeift er.

Dass er watet, tippelt, klar,
dass er im Regen pfeift, das war nicht wahr.

Der Name kommt nicht vom Gezirps –
woher denn dann, du kleiner Knirps?

Keine Ahnung, man weiß es nicht,
Und das ist das Ende vom Gedicht.

Land unter

»Tja, nu«, sagt Opa mit einem Blick aus dem Fenster der Kate. Unablässig strömt der Regen an den Scheiben hinab, und der Wind tost laut ums Haus. »Tja, nu«, wiederholt er, zuckt mit den Schultern und sieht Jann an. »Junge, jetzt isses so weit.«

»Ja!« Jann springt auf. Er ist gerade erst aufgestanden. »Haben wir wirklich Land unter, Opa?« Jann presst seine Nase ans Fenster.

»Geh nich so nah ran, sonst fällste noch ins Wasser«, sagt Oma und steckt einen neuen Holzscheit in den Ofen.

»Echt?« Jann zuckt zurück, und seine Großeltern lachen. »Stadtkind«, sagt Oma schmunzelnd.

Jann hat seine Großeltern schon oft auf der kleinen Hallig besucht, aber er hat noch nie eine Sturmflut erlebt, obwohl so was sogar mehrmals im Jahr vorkommen kann. Aber schließlich ist ein solches Naturereignis nicht zum Spaßen, deshalb hat Jann plötzlich ein schlechtes Gewissen, dass er sich eben gefreut hat.

Doch Opa legt ihm die Hand auf die Schulter. »Keine Sorge, wir verstehen das schon …«

Dann sieht Jann wieder aus dem Fenster. Wo er gestern noch auf der Wiese Fußball gespielt hat, tobt jetzt das Meer.

»Die Warft wird halten«, sagt Opa und meint den Hügel, auf dem das Haus steht. »Wenn nicht, hamm wa Sandsäcke und den Schutzraum.« Opa zeigt nach oben.

Unter dem Dach befindet sich ein kleines, sturmsicheres Zimmer. Es hat Betonpfeiler, die viele Meter tief in die Erde ragen. Vom Fenster des Schutzraumes hat man einen guten Blick über die winzige Insel. Jann schaudert. Das hört sich alles so spannend an …

»Gegen Mittag wird der Orkan einsetzen«, redet Opa mit einem Blick auf die Uhr weiter. »Wird Zeit, alles sturmfest zu machen.«

Jann zieht die Schultern hoch. Das Heulen des Windes ist so gewaltig, dass alle lauter sprechen müssen als sonst.

»Aber es weht ja jetzt schon alles weg«, sagt Jann, als genau in diesem Moment mit wüstem Geschepper die Blechgießkanne über den Hof getrieben wird.

»Och, das …«, Opa winkt ab, »is ja nur 'n Lüftchen …«

»'n Babystürmchen«, ergänzt Oma und füllt Jann Kakao nach. »Schön austrinken und aufessen«, sie deutet auf das Schwarzbrot mit Rührei, »damit du uns draußen nicht gleich weggeweht wirst.«

»Ich darf mithelfen?«, jubelt Jann.

»Nu, Junge, dachtest du, ich mach die ganze Arbeit allein?«, fragt Opa.

»Fine Hannsen braucht Verpflegung für heute und morgen«, erklärt Oma und füllt einen Korb. Die Nachbarin hat sich eine schlimme Erkältung eingefangen und liegt im Bett. »Der Weg zum Festland ist abgeschnitten, also kann Opa heute auch nicht mit dem Boot einkaufen fahren und ihr etwas mitbringen. Aber wir haben ja genug«, sagt Oma und zeigt auf die Thermoskanne.

92

»Hühnerbrühe«, Jann nickt, »Salbeitee«, sie deutet auf eine zweite, »dann Reis«, sie tippt auf eine Box, »Aniskekse, Kompott. Und hier«, Oma wedelt mit einer Schachtel, »Schmerz- und Fiebertabletten.«

»Okay«, sagt Jann und beeilt sich mit dem Essen.

»Und denkt an die Hühner«, mahnt Oma und zerrt ungeduldig an Opas Stuhl. »Nun steh schon auf, alter Mann.«

Grummelnd erhebt sich Opa. Dann stellt Oma den Stuhl auf den Tisch, rollt den kleinen Teppich zusammen und verstaut ihn auf dem Schrank.

Unwillkürlich zieht Jann die Füße hoch. Fast kommt es ihm so vor, als ob die Flut schon hereinsickern würde.

»So, dann verkleiden wa dich mal«, sagt Opa und geht aus der Stube.

Jann trinkt hastig den Kakao aus, schnappt sich den Korb mit Lebensmitteln und folgt Opa in den kleinen Vorraum.

»Stiefel, Südwester, Regenhose, Regenmantel«, sagt Opa und reicht Jann einen Berg Klamotten.

»Was?«, fragt Jann. »Wie nennt man das?«

»Ölzeug sagt man dazu«, erwidert Opa, schlüpft aus den Pantoffeln und steigt in seine Stiefel. »Früher war das ganze Regenzeug noch nicht aus Plastik. Da war das aus Stoff, der dann mit Öl eingerieben wurde, damit das Wasser abperlte. Heutzutage haben wa ja alles nur noch aus …«

»Goretex!«, ruft Oma den beiden zu. »Ist auch besser so.«

»Pf«, schnaubt Opa verächtlich. »Und das da«, er stülpt Jann einen gelben Regenhut über, den man unter dem Kinn festbinden kann und der am Nacken eine extralange Krempe hat, »is ’n Südwester.«

»Ah!«, sagt Jann. »Genau das wollte ich wissen. Warum heißt der so?«

»Ts.« Opa zerrt den Reißverschluss seiner Regenjacke nach oben und setzt ebenfalls so einen Regenhut auf. »Wenn du ’n Indianer wärst, hießest du ›Junge-der-tausend-Fragen-stellt‹«, sagt er grinsend. Dann bindet er sich ein Seil um den Bauch und reicht Jann das Ende. »Was auch passiert, nicht loslassen«, mahnt er, nimmt den Korb auf und öffnet die Katentür.

Und gerade als Jann auch für diese Anweisung nach dem Grund fragen will, gibt ihm das Unwetter selbst die Antwort. Mit gewaltiger Kraft fegt ihnen der Sturm entgegen und wirbelt in der kleinen Diele alles durcheinander. Kaum ist Jann hinter Opa ins Freie getreten, da wird er auch schon beinahe von den Füßen geweht. Krampfhaft klammert er sich ans Seil und versucht, so gut es geht, mit Opa Schritt zu halten, der mit gebeugtem Oberkörper und stetigen Schritten gegen den Wind marschiert. Gnadenlos peitscht der Regen herab und rinnt Jann in Strömen über die Kleidung. Das Getöse ist hier draußen ohrenbetäubend, und im ersten Moment nimmt der Sturm Jann den Atem.

»Junge, Junge, das sind aber Kaventsmänner auf dem Meer!«, brüllt Opa, und Jann zwinkert sich das Wasser aus den Augen.

Opa meint die gewaltigen Wellen. Jann schluckt salzig schmeckendes Re-

genwasser. Noch nie ist ihm der Weg zur Nachbarin so lang vorgekommen. Das Gras gluckert unter ihren Stiefeln, und das Laufen ist mühsam.

Als das kleine, geduckte Reetdachhaus in Sicht kommt, biegt Opa zum Hühnerstall ab. Mit vereinten Kräften schließen sie dessen Fensterläden, klappen die Leiter ein und entrollen einen Vorhang aus schwerem Plastik vor der Schuppentür.

»Die ham's kuschlig«, brüllt Opa, und die beiden kämpfen sich weiter zum Haus vor.

Die Luft riecht, als ob sich das Meer von innen nach außen gestülpt hätte. In den nächsten Tagen wird Jann eine Menge interessante Dinge am Strand finden, darauf freut er sich schon.

95

»Du bringst Fine den Korb nach oben, ich mach die Läden zu«, ruft Opa, während er nach dem Haustürschlüssel angelt, der an einer Schnur über dem großen Anker an der Hauswand hängt.

»Okay«, schreit Jann zurück, schlüpft aus den Stiefeln und steigt die enge Stiege hinauf.

»Dein erstes Landunter?«, fragt Fine, als Jann tropfend in ihrem Schlafzimmer erscheint.

Jann nickt und bemerkt betreten die Pfütze, die sich um seine Füße gebildet hat.

Fine kichert und bekommt prompt einen Hustenanfall. »Nicht so schlimm«, winkt sie ab. »Vor einem Landunter musst du keine Angst haben, nur Respekt«, sagt sie. »Wasser kommt, Wasser geht. Das war schon immer so.« Fine hält inne und sieht Jann an. In ihrem Blick liegt Wehmut. »Du siehst aus wie mein Sohn Fried als kleiner Junge. Er hatte auch so einen Südwester. Man sah ihn nie ohne, selbst bei Sonnenschein, so sehr hat er diesen Hut geliebt.«

Jann weiß nicht, was er sagen soll. An seiner Nase hängt ein Regentropfen, der ihn kitzelt.

»Da.« Fine reicht ihm ein Taschentuch.

»Danke«, sagt Jann.

»Fried lebt jetzt weit weg, in Marseille, das ist eine Stadt am Meer in Frankreich. Aber weißt du was?«

Jann schüttelt den Kopf.

»Seine Liebe zu Regenklamotten ist geblieben. Ja, wirklich!« Fine lacht. »Er hat dort am Hafen ein Geschäft für Seemannskleidung.«

»Und warum heißen Südwester so?«, fragt er Fine.

96

Fine richtet sich in ihren Kissen auf. »Man hat berechnet, dass der meiste Regen wettertechnisch aus südwestlicher Richtung kommt«, erklärt sie. »Daher der Name. Die Norweger haben die Bezeichnung erfunden. In Frankreich nennt man sie Suroîts, was so viel wie Südwestwind bedeutet. Und jetzt rate mal, wie Fried seinen Laden genannt hat?« Fine sieht Jann erwartungsvoll an. Dann schüttelt sie den Kopf. »Ach nee, kannst du ja nicht wissen, ist ja Französisch. Also pass auf, in dem Namen Fried steckt ja Friede, Ruhe, ruhig – *calme* auf Französisch, zusammen mit dem Wort für Südwester heißt sein Geschäft: Suroît calme, ruhiger Wind sozusagen. Schön, oder?«

Jann nickt. Während Fine geredet hat, konnte Jann alles genau vor sich sehen. Die großen Schiffe im Hafen, die weißen Segel, die heiße Sonne, die Seemänner, die in Frieds Laden ein und aus gehen, die Rufe der Möwen …

»Jann?« Opas Ruf lässt ihn zusammenzucken.

»Danke, das war toll«, sagt Jann und läuft aus dem Zimmer. »Gute Besserung!«

»Danke euch!«, erwidert Fine und nimmt ein Bild von ihrem Nachtisch. »Im Sommer komm ich dich besuchen«, verspricht sie dem kleinen Jungen mit dem gelben Hut und kuschelt sich tief in die Decken, während draußen der Wind am Haus rüttelt.

»Ich weiß jetzt, warum Südwester Südwester heißen«, brüllt Jann auf dem Heimweg. Der Sturm ist noch heftiger geworden, und der kleine Platz, auf dem Jann vor ein paar Tagen noch mit Oma und Opa gegrillt hat, steht meterhoch unter Wasser.

»Silvester?«, ruft Opa zurück. »War doch so 'n Papst, oder nicht? Aber vor tausend Jahren.«

Jann bleibt stehen und das Seil spannt sich abrupt um Opas Bauch.

»Biste weggeflogen?«, ruft Opa und dreht sich um.

Doch da steht Jann und hat einen Lachanfall. Mitten im Regen, während der Orkan ihn fast von den Füßen wirft und die kleine Hallig immer weiter im Meer versinkt.

»Nu aber pscht«, sagt Opa und legt einen Arm um seinen Enkel. »Sonst denkt der Klabautermann noch, du lachst über ihn.«

Und das bringt Jann gleich noch mehr zum Kichern.

»Schön übrigens, dass du da bist«, brüllt Opa und nickt in Richtung Fines Haus. »Ihr Sohn war auch so 'n Bengel wie du.«

»Ich weiß«, sagt Jann. »Und jetzt machen wir die Schotten dicht.«

»Das machen wir«, ruft Opa über das Tosen des Sturmes.

Und als alles erledigt ist, sitzen die drei bis spät in die Nacht zusammen vor dem Kamin. Während Oma für Jann an einem Seemannspullover strickt und Opa sämtliche Seefahrer-, Matrosen-, Fischer- und Halliggeschichten, die ihm einfallen, erzählt, schäumt draußen das Meer gegen die Warft, die stark und unbeugsam seine Bewohner beschützt.

Die kleine Hexe Wolkenbruch

Dies ist der Regenwald. Hier wohnen die Wolkenbruchs im Schaukelhaus Nummer 4. Normalerweise wohnen Hexen IMMER in Nummer 7 oder auch in Nummer 9, schön schräge Zahlen, die man überhaupt nicht durch zwei teilen kann und die wunderbar magisch sind. Jedenfalls wohnen Hexen auf keinen Fall in Nummer 4.

Doch Mama Wolkenbruch fand, dass man von dem baumelnden Gebilde wunderbar mit dem Hexoflux starten kann, und es wiegt ebenso wunderbar kleine Hexenbabys in den Schlaf.

»Ob du willst oder nicht«, hat Mama Wolkenbruch damals gesagt und sich über den großen Babybauch gestreichelt. Da hat Papa Wolkenbruch augenrollend zugestimmt.

Seitdem sind einige Jahre vergangen, und morgens, wenn Papa Wolkenbruch über eine schwankende Strickleiter das Baumelhaus verlassen hat und froh ist, wieder festen Boden unter den Füßen zu haben, und sich fröhlich auf den Weg ins Regenwaldbezirksbüro gemacht hat, wo er einen kniffligen Job mit Rechnen, Zahlen, Tabellen und Formularen hat, haben Mama Wolkenbruch und die kleine Hexe jede Menge Zeit für allerlei Schabernack.

Obwohl, das stimmt nicht ganz, denn Mama Wolkenbruch ist nicht nur die Mutter mit den verrücktesten Ideen der Welt, sondern auch eine gewissenhafte Hexenlehrerin. Sie möchte, dass ihre kleine Tochter eine so waschechte Regenhexe wird, wie es nur geht. Denn nur, wenn es bei der Geburt einer Hexe auch wirklich regnet, kann sie später selbst jedes schlechte Wetter zaubern, das ihr in den Sinn kommt. Regnet es nicht, kann man sich auf den Kopf stellen, es wird einfach nichts mit der Regenzauberei.

Schon seit mehreren Generationen schien in der Familie der Wolkenbruchs bei allen Geburten die Sonne, die kleine Hexe ist seit Langem die erste absolut regenwassergetaufte Regenhexe im Regenwald.

Aber um eine richtig gute, mit allen Wassern gewaschene Regenhexe zu werden, muss sie noch viel lernen.

Heute zum Beispiel steht Schnürndl-Regen auf dem Lehrplan.

»Schniedel-Regen?«, fragt die kleine Hexe kichernd.

»Kind!«, mahnt Mama Wolkenbruch. »Schnür-ndl«, wiederholt sie deutlicher, doch es hört sich immer noch an, als ob sie einen Knoten in der Zunge hätte. »Schnürndl sind lange Fäden, Schnürchen halt, nur mehr so schnürndelig«, erklärt sie, während die kleine Hexe ihr Taschy aus dem Umhang zieht.

»Ich hoodle das mal«, sagt sie.

»Dieses Mist-Hoodle!«, schimpft Mama Wolkenbruch wie üblich. »Früher sind wir auch wunderbar ohne Taschy und ohne Hoodle ausgekommen. Tu das weg, du lernst jetzt auf die altmodische Art, wie man Schnürndl-Regen hext.« Mama Wolkenbruch klopft neben sich auf die Bank und schlägt das große Hexenbuch bei S auf.

»Oh, können wir nicht zuerst Sauwetter-Regen zaubern?«, bettelt die kleine Hexe. Die Anleitung dazu sieht irgendwie einfacher aus, dann wäre sie viel schneller fertig und könnte mit ihren Freundinnen …

»Schnürndl«, bleibt Mama Wolkenbruch eisern. »So, und was macht man immer als Erstes, wenn man etwas Neues lernt?«

»Man guckt sich die De-fi-ni-tion an«, leiert die kleine Hexe herunter. »Das bedeutet Begriffserklärung.«

»Richtig, schließlich muss man ja wissen, um was es überhaupt geht. Also«, Mama Wolkenbruch setzt die Lesebrille auf, »hier steht es: *Unter Schnürndl-Regen versteht man lang andauernden, stetig perlenden Regen, der bestenfalls so aussieht, als ob kleine Perlen an Schnürchen herablaufen, in den meisten Fällen verursacht er aber einfach nur schlechte Laune. Nicht zu verwechseln mit dem Schnürl-Regen, eine Art Niesel- oder Sprüh-Regen, den es in Österreich gibt*«, liest sie vor.

»Österreich?«, fragt die kleine Hexe. »Ich hoodle das mal.«

»Kind!«, mahnt Mama Hexe erneut und seufzt.

Ganz, ganz manchmal hat sie das Gefühl, dass die kleine Hexe Wolkenbruch sich für alles andere interessiert, nur nicht für den Regen.

»Österreich ist ein Land in der Menschenwelt«, sagt sie. »Und jetzt wird gehext.«

Mama Wolkenbruch reicht der kleinen Hexe die Zauberregentropfen, die in einem Glasfläschchen mit Korken fest verschlossen sind. Ein einziger, winziger Tropfen genügt für einen Regenzauber, der viele Tage anhält.

Die kleine Hexe zieht die Gewitterwolke, die immerzu über ihrem Kopf schwebt, auf ihren Schoß und bettet das Glas vorsichtig hinein. Dann entfernt sie den Korken, stippt den Zeigefinger hinein, balanciert den Tropfen vorsichtig über ein kleines, goldenes Schälchen und lässt ihn hineinfallen.

Pluink, macht es, als wäre er aus großer Höhe in ein Wasserbecken geplatscht. Die kleine Hexe grinst, weil sie das Geräusch so lustig findet, verkorkt die Zaubertropfen und schiebt die Wolke wieder über ihren Kopf.

Doch um ehrlich zu sein, geht ihr die Regenhexerei auf die Nerven, viel lieber wäre sie eine pupsnormale Hexe, wie all ihre Freundinnen auch. Die dürfen den ganzen Tag hoodeln, mit ihren Taschys verrückte Hexies knipsen und einander Wasmachstes schicken. Die kleine Hexe seufzt. Was soll's, wenn sie Mama damit glücklich machen kann … Und klar, das weiß die kleine Hexe schon, ist es natürlich auch eine sehr große Ehre, eine so besondere Hexe zu sein. Das Leben ist kein Bällebad, hat ihre Oma immer gesagt, und die kleine Hexe muss unwillkürlich grinsen. Dann zieht sie das Hexenbuch zu sich heran.

»Ich, Regenhexe des Regenwaldes, gebiete Folgendes«, beginnt sie wie immer und legt die Hände um das goldene Schälchen.

»Regenfäden, binden, finden,
gleich und jetzt, geschwind.
Tropfen bilden Stege, Wege,
schnurgerade, sag ich Kind.
Perlend, rinnend,
Schnüre schnürndelnd,
undurchsichtig, fast wie blind.
Regenfäden, binden, finden,
gleich und jetzt, geschwind!«

Bei den letzten Hexenspruchworten löst sich der Zaubertropfen in Nebel auf und die kleine Hexe und Mama Wolkenbruch stürzen auf den Balkon. Sachte neigt sich das Schaukelhaus in ihre Richtung. Normalerweise dauert es ab jetzt ungefähr eine halbe Minute, bis der gewünschte Regen über dem Wald niedergeht.

»Hach, das wird gemütlich«, freut sich Mama Wolkenbruch, »wir trinken heißen Zitronenregentee und essen Zimtwaffeln dazu, was meinst du?« Sie legt die Arme um ihre Tochter. »Das hast du gut gemacht, bestimmt wirst du eine fabelhafte Regenhexe.«

Mama Wolkenbruch und die kleine Hexe lauschen in den Wald.

»Irgendwas stimmt doch hier nicht«, murmelt Mama Wolkenbruch nach einer Weile.

»Ich bin schon bei sechsundvierzig«, flüstert die kleine Hexe unsicher.

Das vertraute Rauschen und die plötzliche Feuchtigkeit in der Luft, die einen Hexenregenguss ankündigen, bleiben diesmal irgendwie aus. Oh, na ja, das ist vielleicht nicht ganz richtig, denn die Anzeichen bleiben nicht aus, sie kommen bloß aus der falschen Richtung. Nicht von oben, sondern von …

hinten?

Mama Wolkenbruch und die kleine Hexe gehen hinein und stehen plötzlich im schönsten Schnürndlregen, den man sich nur vorstellen kann. Dicht an dicht rinnen die Regentropfen fadenartig herab, selbst eine Dusche könnte nasser nicht sein.

»Ups«, sagt die kleine Hexe.

»Halt, stopp, sofort aufhören. Ende, aus, weg! Donnerhageliger Mistwolkenbruch, platschnassiger«, flucht Mama Wolkenbruch entsetzt. »Raus mit dir, du blöder Regen! Aber dalli.«

Doch der Schnürndl-Regen lässt sich durch Mama Wolkenbruchs Wutanfall rein überhaupt nicht beeindrucken und schnürndelt weiter das Baumelhaus nass.

»Hab ich irgendwas falsch gemacht?«, ruft die kleine Hexe.

Mama Wolkenbruch hastet prustend zum Tisch. Das Wasser läuft ihr über die lange Hexennase und rinnt von dort zu Boden.

»Wasserhahn«, entfährt es der kleinen Hexe. Rasch presst sie die Hände auf den Mund, um nicht laut loszuprusten.

Unterdessen hat sich Mama Wolkenbruch das Hexenbuch geschnappt und sich einen der zahlreichen Schirme geangelt, die überall herumstehen.

»Ah, besser«, sagt sie, und die kleine Hexe kann dabei zusehen, wie das Nasenwasser-Rinnsal langsam verebbt.

»Und, hab ich?«, fragt sie.

»Nee.« Mama Wolkenbruch schüttelt den Kopf, dass das Wasser nur so spritzt. »Alles korrekt. Der Spruch stimmte, die Betonung stimmte, die Reihenfolge stimmte …«

»Puh«, die kleine Hexe atmet auf. Dann muss sie niesen. Das Regenwasser ist ganz schön kalt, und inzwischen steht ihnen das Wasser schon bis zum Knöchel. Die kleine Hexe wackelt in den klitschnassen Socken mit den Zehen.

»Gesundheit!«, schimpft Mama Wolkenbruch. »Siehst du, sie erkältet sich noch, blöder Regen, du! Hau jetzt ab.«

Die kleine Hexe kichert.

»Regen, weiche,
schleiche

durch das Fenster,

raus mit dir,

du gehörst hier gar nicht her«,

versucht es Mama Wolkenbruch.

»Du, Mama«, wendet die kleine Hexe ein, »bloß weil sich's reimt, ist es noch kein Hexenzauber.«

Das sieht auch der Schnürndl-Regen so und tut, was ein Schnürndl-Regen eben so tut.

»Menno«, mault Mama Wolkenbruch und seufzt tief. Missmutig betrachtet sie die wassernasse Einrichtung. Nichts, aber auch gar nichts ist mehr trocken. »Also guuuuut«, sagt sie und sieht ihre Tochter herausfordernd an.

»Was denn?«, fragt die kleine Hexe unschuldig.

»Na, Dings«, sagt Mama Wolkenbruch. »Mach schon.«

»Ah, du meinst, ich soll mal mein total unnötiges Taschy benutzen, um zu hoodeln, ob zu unserem Problem schon mal jemand seinen unnötigen Senf reingestellt hat?«, fragt die kleine Hexe und grinst über beide Ohren.

»Exakt. Und mach voran. Ich geb deinem Hoodle jetzt 'ne riesengroße Chance«, schnauzt Mama Wolkenbruch und patscht entsetzt auf ihren Lieblingssessel. »Oh Himmel, der trocknet mir drei Wochen nicht …«

Die kleine Hexe zückt ihr Taschy. *Schnürndl-Regen-Zauber drinnen statt draußen*«, murmelt sie beim Tippen, und Mama Wolkenbruch nickt bestätigend.

»Und?«, fragt sie ungeduldig. »Was sagt dein Hoodle?«

Gemächlich dümpeln Körbe, Bücher und Schuhe auf dem Hochwasser herum. Mama Wolkenbruch schnaubt empört.

»Es gibt nur einen Eintrag«, verkündet die kleine Hexe. »Ein einziges Video.«

»Ist das gut oder schlecht?«, fragt Mama Wolkenbruch.

»Hm«, die kleine Hexe runzelt die Stirn und tippt auf den Bildschirm. »Hören wir's uns mal an«, sagt sie und startet den Film.

»Hallöchen, alle zusammen, hier bin ich wieder. Schön, dass ihr dabei seid, wenn es heißt: Mies gehext, aber trotzdem okay«, jodelt eine gut gelaunte Stimme.

Mama Wolkenbruch nickt. »Genau, genau. Sie meint uns. Mach lauter.«

Die kleine Hexe grinst.

»Willkommen bei der heutigen Folge: Wie werde ich Schnürndl-Regen wieder los, wenn er sich erst mal in deinem Haus eingeregnet hat?«, plaudert die Stimme weiter.

»Ja, ja, jaaa!«, ruft Mama Wolkenbruch.

»Schnürndl-Regen, das wissen die wenigsten, ist eine der ungehorsamsten, zickigsten und unberechenbarsten Regenarten, die es gibt«, erklärt die Videohexe weiter.

106

Mama und die kleine Hexe nicken.

»Am besten, ihr lasst euch niemals darauf ein, einen Schnürndl-Regen zu hexen«, mahnt die Stimme eindringlich.

Mama und die kleine Hexe ducken sich tiefer unter den Schirm.

»Auweia«, flüstern sie im Chor.

»Aber nun ist er da, und wir haben den Salat. Tja, wie werden wir den frechen Gesellen also wieder los? Das ist nicht ganz einfach, denn als Erstes müsst ihr …«

Mama und die kleine Hexe halten den Atem an. Jetzt wird endlich die Lösung verraten. Doch nichts weiter geschieht. Kein Ton kommt mehr aus dem Taschy.

»Schüttle mal«, schlägt Mama Wolkenbruch vor.

»Nein!« Die kleine Hexe kichert. »Hab kein Netz mehr«, stellt sie fest.

»Netz? Wie, Netz, wo kriegen wir denn jetzt ein Netz her, und was für 'n Netz meint sie überhaupt? Und wozu soll das gut sein, wir können doch den Regen nicht mit einem NETZ einfangen …?«, regt Mama Wolkenbruch sich auf. »Ich sag ja, Hoodle weiß eben doch nicht alles.«

Die kleine Hexe streckt gelassen das Taschy aus dem Fenster. »Siehst du, jetzt geht's wieder. Netz im Sinne von Empfang«, erklärt die kleine Hexe.

»Das ist nicht ganz so einfach, denn als Erstes müsst ihr eine echte Regenhexe auftreiben …«, geht das Video weiter.

»Haben wir, haben wir, haben wir doch«, jubiliert Mama und zeigt auf die kleine Hexe, als würde die Videohexe aus dem Taschy ihnen zusehen. »Sie ist die beste«, fügt sie hinzu.

»Pscht«, macht die kleine Hexe und stellt den Ton lauter.

»… nur sie kann den Schnürndl-Regen austrocknen. Wie das geht, erfahrt ihr in meiner Infobox. Ich hoffe, euch hat mein Video gefallen, wenn ja, lasst mir ein Magich da und schaltet auch nächstes Mal wieder ein, wenn es heißt: Mies gehext, aber trotzdem okay. Tschüssibärchen, eure …«

»Hä?«, fragt Mama. »Wie jetzt?« Doch die kleine Hexe ist längst dabei, die Anleitung durchzuscrollen.

»Aha, okay, gut, hm, hm, ahhh, ts!, ja, ja, also …«, murmelt die kleine Hexe, und Mama verschränkt erwartungsvoll die Arme.

»Viel Zeit haben wir nicht mehr«, sagt sie und deutet auf das schaukelnde Sofa. »Gleich schwimmt unser Haus zum Fenster raus.«

»Nee, alles gut. Hier, halt mir das bitte mal«, sagt die kleine Hexe und reicht ihrer Mutter das Taschy.

Die kleine Hexe springt unter dem Schirm hervor, schnappt sich das Zaubertropfenglas, entkorkt es und nimmt behutsam einen Tropfen auf.

»Also, Mama, da stand drin, ich muss den Tropfen jetzt mitten in den Regen schleudern und dabei laut diesen Spruch vorlesen«, erklärt sie.

Mama Wolkenbruch nickt und hält der kleinen Hexe das Taschy vor die Nase.

Flungk, macht es diesmal dumpf, als die kleine Hexe den Tropfen in den Raum schleudert. Abrupt beginnt das Baumelhaus zu schaukeln.

»Okay, jetzt schnell.« Die kleine Hexe sieht aufs Display.

»Schnürndl-Regen, böser Bube,

Chaosmacher, Ärgerling,

hinaus aus unsrer guten Stube,

hinweg mit dir, du fieses Ding.

Plitschel, tröpfel, platschel, pling.

Du glaubst, ich kann dich nicht besiegen,

lässt dich doch nicht unterkriegen?

Da grins ich nur, weil du nicht weißt,

wie der Gegenzauber heißt!
Niesel, walle, priesel, pleitsch.
Ich nehm dich wörtlich,
wirst schon sehen.
Was, das stört dich?
Kannst ja gehen!«

Die kleine Hexe holt Luft, scrollt den Text weiter nach oben und schickt die nächsten Worte so ernsthaft und inbrünstig in die Wassermassen, dass Mama Wolkenbruch eine Gänsehaut bekommt. Ja, ihre Tochter ist doch eine echte Regenhexe, ob sie dazu nun Lust hat oder nicht!

»Schnürchen, Fädchen, dünn und klein,
willst wohl feiner Regen sein?
Zurück zu deiner wahr'n Natur,
dummer BINDFADEN bist du nur!
Wolle, falle, Faden, walle,
Schnur jetzt kringle, REGEN VERRINNE!«

Ganz erschöpft schlingt die kleine Hexe die Arme um ihre Mutter. Und da geht es auch schon los.

Vor ihren staunenden Augen verwandeln sich die perlenden Dauerregenschnüre in bunte Wollfäden. Trocken, leicht und flauschig fallen sie zu Boden, wo nun auch das Regenwasser beginnt, sich in Garn zu verwandeln.

In nur wenigen Augenblicken stehen die kleine Hexe und ihre Mutter knietief in Wollresten.

Mama Wolkenbruch klappt lachend den Schirm zu. Die wenigen Fäden, die noch herabregnen, reichen aus, um kleine, bunte Türmchen auf ihren Köpfen zu bilden. Kichernd pusten sich die beiden das Garn aus dem Gesicht.

»Das hast du hervorragend gemacht!«, jubelt Mama Wolkenbruch. »Ich bin so stolz auf dich.«

Die kleine Hexe lässt sich grinsend in die weichen Wollberge fallen.

»Darf ich jetzt öfter mal ans Taschy?«, fragt sie.

Mama Wolkenbruch schüttelt sich die Zotteln aus dem Haar. »Das dürfen nur echte Regenhexen«, sagt sie und sieht ihre Tochter erwartungsvoll an.

»Ich BIN eine echte Regenhexe!«, ruft die kleine Hexe und wühlt sich tiefer ins Geflausche.

»DAS wollte ich hören«, sagt Mama Wolkenbruch zufrieden, und dann werfen sie mit beiden Händen die Fäden aus den Fenstern des Baumelhauses, dass es fast so aussieht, als würde es schon wieder Wollschnürndlbindfäden regnen.

Regenworte

Tilda starrt von ihrem Schreibtisch in den Regen hinaus.

Ganz sicher ist heute der langweiligste Tag in ihrem Leben.

Es geschieht einfach gar nichts. Im Haus ist es still.

Eigentlich mag Tilda diese Ruhe, bloß heute irgendwie nicht. Vielleicht liegt es aber auch daran, dass alle anderen etwas zu tun haben, bloß sie nicht.

Papa ist im Keller und flickt sein Fahrrad, da möchte sie auf keinen Fall stören, sonst will Papa ihr wieder erklären, wie welches Werkzeug heißt, wie ein Fahrrad überhaupt funktioniert und hundert andere komplizierte Sachen. Und dazu ist sie einfach zu müde.

Mama hat die Beine hochgelegt und ist in ein Buch vertieft. Sonntags ist ihr Drei-Kannen-Tee-und-Kekse-Lesetag. Und wenn Tilda sich jetzt dazusetzen würde, müsste sie ebenfalls ein Buch lesen, aber dazu hat sie ausnahmsweise überhaupt keine Lust – und noch dazu schmecken Mamas Lieblingskekse wie Sägespäne. Sie sind nicht mal richtig süß.

Und ihre große Schwester Stine sitzt in ihrem Zimmer und lernt. Sie muss bis morgen irgendwas Kompliziertes für die Schule fertig machen und klappert wie wild auf der Tastatur herum. Hin und wieder hört Tilda, wie brummend der Drucker anspringt. Sie hat vorhin schon eine Stunde auf Stines Sofa herumgesessen, ihrer Schwester beim Arbeiten zugesehen und Zeitschriften durchgeblättert. Aber das war auch nicht gerade spannend.

»Fffff«, macht Stine. »Echt, ey.« Düster sieht sie den Tropfen nach, die sich schlierend ihren Weg über die Scheibe bahnen.

Da hört sie Stine plötzlich laut auflachen.

»Was denn?«, fragt sie und saust wie der Blitz zu Stines Zimmer hinüber. »Was?«, ruft sie und streckt den Kopf hinein.

»Ach, nur so 'n Spruch«, sagt Stine. »Bin ich im Internet grad dran vorbeigekommen.«

»Welcher?«, hakt Tilda nach und stellt sich neben ihre Schwester an den Schreibtisch.

»Warte …« Stine öffnet im Computer eine Seite, auf der lauter Sprüche auf bunten Karten zu lesen sind.

»Der hier: *Wie entsteht Regen? Indem ich mit dem Fahrrad zur Schule fahre*«, liest Stine vor und gluckst.

Tilda lacht. »Aber echt. Lass mal sehen, was steht da noch?«, fragt sie.

»Der hier ist schön«, Stine tippt mit dem Bleistift auf den Bildschirm: »*Mach einfach die Augen zu, dann hört sich der Regen an wie Applaus.*«

Tilda geht zum Fenster und öffnet es. Dann schließen beide die Augen.

»Stimmt!«, sagen sie gleichzeitig.

»Okay, jetzt aber raus mit dir, ich muss weitermachen«, drängt Stine.

»Och …« Tilda zögert. »Nur noch einen …«

»Ich kann dir die Seite ausdrucken«, schlägt Stine vor, und Tilda hält erwartungsvoll die Hand unter den Drucker, der gleich darauf einen warmen Bogen Papier ausspuckt.

»Danke, Schwester«, ruft Tilda und stürmt in ihr Zimmer.

»Bitte, Schwester, und Tür zu«, erwidert Stine, und Tilda kehrt seufzend wieder um.

Dann setzt sie sich an den Schreibtisch und vertieft sich in die Sprüche.

Da sind ja tolle dabei … Und alle sind in verschiedenen schönen Schriftarten geschrieben. Tilda sieht auf.

»Bei Regen über den Regen nachdenken«, sagt sie. »Das finde ich cool.« Dann überlegt sie kurz. »Ja, das mach ich …«, feuert sie sich an.

Aus der Bastelschublade kramt sie buntes Kartonpapier und einen weißen Lackstift. Den hat sie zum Geburtstag bekommen und noch nie ausprobiert. Tilda nimmt ein Lineal und zeichnet verschieden große Rechtecke auf das Papier und schneidet sie aus. Acht Stück hat sie zum Schluss.

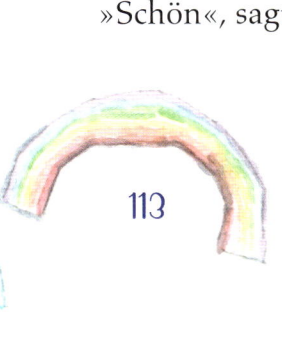

»Welche Sprüche nehme ich jetzt …?«, murmelt sie. »Vielleicht vier lustige und vier nachdenkliche?«, überlegt sie und schreibt als Erstes den Fahrradspruch auf eine der Karten. Der weiße Lackstift sieht toll auf dem blauen Hintergrund aus.

Als Nächstes nimmt Tilda eine grüne Karte. Was passt hierzu?

Kein Regen – keine Blumen, schreibt sie ab und malt gleich noch ein paar Blumen mit drauf.

Für die nächste Karte überlegt Tilda sich eine andere Schrift.

Sich einfach mal in den Regen stellen, vielleicht blüht man wieder auf, schreibt sie und grinst dabei.

Wer einen Regenbogen will, muss Regen in Kauf nehmen, kommt auf die nächste Karte. Aber irgendwie sieht sie zu leer aus. Tilda nimmt ein weißes Blatt Papier und zeichnet einen Regenbogen, schneidet ihn aus und klebt ihn schräg über die Ecke, dass es aussieht, als würde er aus der Karte emporsteigen.

»Schön«, sagt sie zufrieden.

Dann entdeckt sie einen weiteren Spruch, der ihr gefällt.

»Was mich am Regen stört?«, liest sie. »*Seine Einstellung. Er ist immer so von oben herab.*« Tilda kichert. »Das würde Stine gefallen.« Sie schreibt den Spruch ab und verziert die Karte mit einem Regenschirm.

»*Ich grill, wann ich will*«, entdeckt sie als Nächstes. Auf dem Bild ist ein Mann mit Schürze und trotzig erhobener Grillzange im Regen zu sehen. »Der wär was für Papa. Oder nehm ich den?«

Tilda überlegt und entscheidet sich um. Dann holt sie den Locher aus der Schublade. »*Regen ist das Konfetti des Himmels*«, murmelt sie beim Schreiben vor sich hin.

Zum Schluss fährt sie mit dem Klebestift über die Karte und streut die Locherpunkte darauf.

»Wird immer besser«, lobt sie sich.

Dann findet Tilda noch einen Spruch.

»Oh, der ist perfekt für ein Freundebuch«, murmelt sie und notiert auch ihn: *Nicht traurig sein, auf Regen, da folgt Sonnenschein.* Selbstverständlich bekommt diese Karte eine prächtige Sonne als Verzierung.

Tilda lehnt sich zurück und vertieft sich wieder in den Ausdruck. Welchen Spruch könnte sie auf die letzte Karte schreiben …

»Der kommt aber oft vor«, sagt sie. »Drei Mal schon auf der Seite. *Leben heißt nicht: Warten, bis das Unwetter vorüber ist, sondern lernen, im Regen zu tanzen.* Hä?« Tilda klackert nachdenklich mit dem Stift auf den Tisch herum. »Im Regen tanzen … Und was hat man dann davon? Es ist kalt, und man wird nass. Außerdem wäre es auch irgendwie peinlich …«

Tilda knabbert an der Stiftspitze herum. Sie findet den Spruch unlogisch, aber das Mädchen mit dem Schirm, das so fröhlich tanzt, das würde sie gern nachmalen und ausschneiden. Vielleicht versteht sie den Spruch ja auch nur nicht richtig. Als Tilda hört, wie nebenan der Drucker wieder anspringt, geht sie hinüber.

»Stiniii«, sagt Tilda von der Tür aus, und ihre Schwester wendet sich um.

»Mann, alle fünf Minuten kommst du rein, ich muss wirklich …«, schimpft sie.

»Gar nicht, ich war jetzt bestimmt eine Stunde …«, protestiert Tilda, und Stine winkt ab.

»Egal, was gibt's denn?«

»Ich wollte bloß wissen, was der Spruch bedeutet: *Leben heißt nicht: Warten, bis das Unwetter vorbei ist …*«

»*… sondern lernen, im Regen zu tanzen*, oder so ähnlich, ja?«, ergänzt Stine, und Tilda nickt.

»Genau. Stell ich mir aber ungemütlich vor«, erklärt Tilda. »Und gefährlich, bei 'nem Sturm draußen zu sein, mit den Blitzen und so …«

Stine dreht sich auf ihrem Schreibtischstuhl einmal im Kreis. »Das ist nicht wörtlich gemeint, weißt du. Mehr so im übertragenen Sinne. Wenn man immer nur wartet, dass die Sonne scheint, also alles gut und perfekt ist, dann verpasst man sein ganzes Leben. Weil eben nicht immer alles Friede, Freude, Eierkuchen ist. Sondern das Leben ist meistens eher anstrengend und nervig und langweilig und so weiter. Aber wenn man solchen Normalo-Situationen das Beste abgewinnt, macht man ganz neue Erfahrungen und lernt auch noch dazu. Das Doofe zeigt uns sozusagen, was wir Tolles daraus machen können. Eben nicht warten auf etwas, das vielleicht sowieso nie kommt, sondern …«

»… im Regen zu tanzen«, sagt Tilda nachdenklich.

»Genau, und jetzt tanz aus meinem Zimmer, Schwesterherz, mein Leben ist nämlich gerade nervig und stressig und anstrengend und …«

Leise schließt Tilda die Tür.

Und während sie am Schreibtisch sitzt und das tanzende Regenschirmmädchen abzeichnet, denkt sie über das nach, was Stine eben erklärt hat.

Eigentlich tut sie doch genau das die ganze Zeit, oder nicht? Sie tanzt im Regen, indem sie dieses Mobile bastelt, statt Trübsal zu blasen!

Als Tilda Wolle, Nähgarn und Holzspieße zusammengesucht hat, um das Gestänge zu basteln, damit sie die bunten Regenkarten aufhängen kann, kommt ihr die Idee, für dieses Mobile immer wieder neue Sprüchekarten zu gestalten.

Schließlich kann es einem auch bei Sonnenschein mal langweilig sein …

PS: Wenn du noch nicht schreiben kannst, aber trotzdem Lust hast, dir auch ein Mobile zu basteln, geht das natürlich auch mit selbst gemalten Regenbildern – probier's einfach aus!

Malte-Mats Kwak

Das ist Malte-Mats Kwak.

Er ist eine Ente.

Malte-Mats Kwak lebt im Stadtpark, ganz in der Nähe des Ententeichs. Hin und wieder geht er seine Freunde dort besuchen, aber nicht allzu häufig, weil ihm deren lautes Geschnatter auf die Nerven geht.

Deswegen ist Malte-Mats Kwak oft allein unterwegs, watschelt mal hierhin, mal dorthin, ganz, wie es ihm beliebt. Malte-Mats Kwak lebt sehr gern in seinem Park: Beim Blick auf den Spielplatz wird ihm immer ganz fröhlich und kichrig zumute, der Pommesbudenduft macht ihm Appetit, und der Joggingpfad lässt ihn frohlocken: Oh, wie wunderbar ist es doch, eine Ente zu sein, denn die brauchen keinen Sport zu treiben. Beim Minigolfplatz schnappt er sich die verschossenen Bälle und bugsiert sie in ein Versteck, das ist sein geheimes Hobby. Abends geht er zum Schachbrett, um müde zu werden, denn nichts ist für Malte-Mats Kwak einschläfernder, als schweigsamen, älteren Herrschaften beim Schach zuzusehen.

Doch wenn du nun denkst, dass Malte-Mats Kwak im Stadtpark bekannt ist wie ein karierter Elefant, ja schon fast als kleine Berühmtheit gilt, täuschst du dich.

Denn genauso ungern wie mit Enten hat Malte-Mats auch mit Menschen zu tun. Aus der Ferne mag er sie schon, aber er lässt sie nie so nah herankommen, dass sie ihn womöglich streicheln könnten. Doch für diese eiserne Kwak-Regel gibt es eine Ausnahme. Und die gilt, wenn es regnet. In Strömen regnet, wohlgemerkt.

Denn nur dann trifft man sie nämlich, die Andersmenschen. Und mit denen unterhält sich Malte-Mats Kwak sehr gern. Ausgesprochen gern sogar.

Andersmenschen sind nicht solche, die fluchend und unter wehenden Plastikumhängen, Tüten, Zeitungen oder sonstigen Bedeckungen versuchen, dem Regen zu entkommen, indem sie geduckter laufen, als ob es weiter unten weniger regnen würde, oder in die Pedale treten, als würden sie von einem wilden Nashorn verfolgt – Malte-Mats lacht schnatternd beim Gedanken an all die Regenflüchter, die er schon beobachtet hat.

Nein, Andersmenschen sind, nun, anders eben. Sie empfinden Regen wie eine kurze Reise in eine andere Welt. Nach Malte-Mats' Erfahrung kann man sagen, dass es von ihnen auch nicht sehr viele gibt, er lernt nicht mal bei jedem dritten Regenguss einen Andersmenschen kennen. Doch heute wird es mal wieder passieren, da ist sich Malte-Mats Kwak ganz sicher. Denn es regnet aus Eimern, es regnet aus Kübeln, es regnet Katzen und Hunde. Malte-Mats denkt kurz nach, welche Ausdrücke für Regen ihm noch einfallen: Es gießt aus Kannen und in Strömen. Es regnet aus Schläuchen und Fässern, es regnet Bindfäden und Schusterbuben, es pladdert, es platscht, es driehlt, plästert und prasselt, kurz gesagt, der Himmel hat seine Schleusen sehr weit geöffnet.

»Hihi«, sagt Malte-Mats erwartungsvoll und nimmt seinen Beobachtungsposten auf der Parkbank ein. Von dort aus kann er in Ruhe verfolgen, wer des Weges kommt, lange bevor er selbst entdeckt wird.

Malte-Mats schüttelt einmal kurz das Wasser aus dem Gefieder, und da kommen auch schon zwei Kandidaten.

Es ist ein Kind mit seiner Mutter, und Malte-Mats ist sofort klar, wer von den beiden der Andersmensch ist. Während die Frau mit dem Regenschirm, einer immer wieder von der Schulter rutschenden Umhängetasche, einer Aktenmappe und einem in der Manteltasche klingelnden Handy beschäftigt ist, hopst der kleine Andersmensch neben ihr in voller Regenmontur von Pfütze zu Pfütze, dass es nur so platscht.

»Warte mal kurz, Maus, da muss ich rangehen«, sagt die Mutter in diesem Moment, klemmt sich die Aktentasche zwischen die Beine, den Regenschirm unters Kinn und friemelt das Telefon aus der Tasche. Hektisch versucht sie, den Zeigefinger für den Bildschirm trocken zu reiben. »Jetzt mach schon«, schnauzt sie das klingelnde Handy an und wischt genervt darauf herum.

Der kleine Andersmensch geht ein paar Schritte zur Seite und beginnt, sich mit ausgestreckten Armen im Kreis zu drehen. Dabei reckt er sein Gesicht in den Himmel und fängt mit der Zunge die Regentropfen auf. Als das Kind genug gekreiselt hat, zieht es mit der Gummistiefelferse eine Rinne in den abschüssigen Parkweg, geht in die Hocke und beobachtet gespannt, wie sich das Wasser darin sammelt.

»Ich baue einen Fluss«, ruft es und verlängert die Rinne um ein paar Meter, sodass

119

das Regenwasser mit schneller Geschwindigkeit den abschüssigen Weg in seinem Bett davongurgelt.

Das Kind läuft zum Ausgangspunkt zurück und setzt kleine Blätter als Schiffe hinein, die blitzschnell davonschaukeln. Als der kleine Andersmensch ihnen nachsieht, fällt sein Blick auf die Parkbank, auf der Malte-Mats Kwak sitzt und ihn beobachtet. Grüßend hebt die Ente einen Flügel.

Das Kind winkt zurück, sieht kurz zu seiner Mutter hinüber und kommt dann zur Parkbank gelaufen, wo es Malte-Mats für einen kurzen Moment unschlüssig anstarrt.

»Setz dich, ist noch frei«, sagt Malte-Mats und klopft auf die Bank. »Ich heiße Malte-Mats Kwak«, fährt die Ente fort, während der Andersmensch auf die Bank krabbelt. »Und du?«

»Greta. Aber ich darf nicht mit fremden Leuten reden …«, sagt das Kind und zieht die Nase hoch. Dann baumelt sie mit den Beinen und schlägt die Gummistiefelspitzen aneinander.

»Und ich will nicht mit fremden Leuten reden …«, sagt Malte-Mats.

»Aber du bist ja 'ne Ente«, beendet Greta ihre Überlegung.

»Und du bist …«, ergänzt Malte-Mats, »ach, egal«, winkt er ab, weil die Zeit mit Greta viel zu schade ist, um ihr seine Andersmensch-Theorie zu erklären. »Also, wie findest du den Regen heute?«

»Hammer!«, sagt Greta. »Meine Ohren sind ganz wild auf die Geräusche. Hörst du das?«

Malte-Mats nickt.

»Die hört man sonst nie«, redet Greta weiter. »Ich hab zu Hause nämlich einen Karton mit Geräuschen.«

»Ah ja?«, fragt Malte-Mats.

Greta nickt. »Darin sind aber nur seltene und spezielle Geräusche. Auf Zettel gemalt, ich kann nämlich noch nicht schreiben. Und wenn ich mir die Bilder ansehe, weiß ich genau, wo ich sie gehört habe. Und wie sie klingen …«, setzt Greta hinzu.

Malte-Mats lächelt. Na bitte, ein Andersmensch, er hat es doch gleich gewusst.

»Warum wirst du eigentlich nicht nass?«, fragt Greta jetzt. »Ich hab ja 'ne Regenjacke, aber da schwitze ich immer drunter.«

»Oh«, sagt Malte-Mats. »Das kommt daher, dass meine Federn überlappend angeordnet sind und sich mit Tausenden von kleinen Häkchen aneinander festhalten. Außerdem öle ich sie immer gut ein. Hier unten, guck«, Malte-Mats deutet auf seinen Rücken, »sitzt die Bürzeldrüse. Die stupse ich mit dem Schnabel an, dann kommt da Öl raus, und das verteile ich dann als Wasserschutz über die Federn. Aber hin und wieder muss ich mich natürlich trotzdem kräftig schütteln.« Malte-Mats plustert sein Gefieder auf und versprüht eine Wolke aus feinen Wassertropfen.

Greta kichert und schüttelt sich ebenfalls.

»In der Atacama-Wüste in Chile könnte ich jedenfalls nicht leben«, sagt Malte-Mats. »Du?«

»Weiß nicht, warum?«, erwidert Greta.

»Da hat es seit vierhundert Jahren nicht mehr geregnet«, erklärt Malte-Mats.

»Echt?« Greta staunt. »Bei mir kringeln sich meine Haare immer, wenn's regnet. Das mag ich.«

»Das kommt von der Luftfeuchtigkeit«, sagt Malte-Mats. »Irgendwas verändert sich dabei innen drin in deinen Haaren, und dann kräuseln sie sich. Schade, dass das bei mir nicht so ist.«

»Nee, ich find dich sehr schön so glatt«, sagt Greta und streichelt Malte-Mats übers Gefieder. »Bist du nicht aus Deutschland?«

»Wieso?«, fragt Malte-Mats.

»Du hast hier so 'ne Fahne«, meint Greta und tippt auf eine Stelle an seinen Flügeln. »Weiß, schwarz, blau, schwarz, weiß«, zählt sie auf.

Malte-Mats lacht schnatternd. »Stimmt, so habe ich das noch gar nicht gesehen. Das ist die Stockenten-Land-Flagge!« Malte-Mats schüttelt den Kopf. »Nein, ich bin sogar hier geboren, drüben, im Teich. Diese Farbstriche haben alle Stockenten-Herren. Die Federn der Damen sind aber viel schöner, nugatbraun und honigbraun gesprenkelt.«

Greta sieht zu Mama hinüber, die immer noch telefoniert.

»Als ich geboren wurde, hat es auch geregnet«, erzählt sie.

»Das hab ich mir fast gedacht«, erwidert Malte-Mats. »Weißt du, worüber ich mich manchmal wundere?«

Greta schüttelt den Kopf.

»Fast so gut wie aller jemals geregnete Regen der Welt fällt ins Meer«, sagt Malte-Mats und blinzelt einen Tropfen beiseite. »Aber guck mal, wie es hier gerade schüttet. Wenn das der winzige Rest ist, der nicht ins Meer fällt, wie groß muss dann erst das Meer sein?«

»Riiiesig«, antwortet Greta und malt einen großen, runden Ball in die Luft. »Riiiesig, ehrlich. Man sieht nicht das Ende. Überall Wasser und immer noch weiter. Ich war mal an einem Meer. Aber es gibt noch viele andere.«

»Ja?« Malte-Mats nickt nachdenklich. »Ich glaube, das wäre nichts für mich. Ich brauche eine kleine Welt, in dem ab und an Menschen wie du um die Kurve kommen. Du bist nämlich ein ganz besonderer.«

»Warum?«, fragt Greta.

»Weil du dich mit mir unterhalten hast, im Regen, auf einer Bank im Stadtpark«, sagt Malte-Mats Kwak.

Und noch bevor Greta darauf etwas erwidern kann, kommt ihre Mutter herüber.

»Sorry, Schatz, dass das so lange gedauert hat. Du hast dich bestimmt gelangweilt, was?«

»Nö.« Greta springt von der Bank mitten in die tiefe Pfütze, die sich dort gebildet hat. »Ich hab mich unterhalten. Guck, mit Malte-Mats Kwak, er ist die coolste …«

»Mit wem? Ich hab gar kein anderes Kind gesehen?« Mama verstaut ihr Handy und wechselt den Schirm auf die andere Seite.

Greta sieht sich erstaunt um. Doch der Platz auf der Bank ist leer.

»Seltsam«, sagt Greta und starrt enttäuscht in den Regen. »Vor einer Sekunde war er doch noch da …«

»Wer denn?«, fragt Mama und schiebt Greta auf den Weg zurück.

»Die Ente«, sagt Greta.

Mama lacht. »Da war keine Ente. Und jetzt komm, allmählich kriege ich kalte Füße.«

»Doch«, protestiert Greta und wendet sich erneut zur Bank.

Da entdeckt sie etwas. Dort, wo Malte-Mats Kwak eben noch gesessen hat, liegt eine prachtvolle Entenfeder mit weiß-schwarz-blauem Muster.

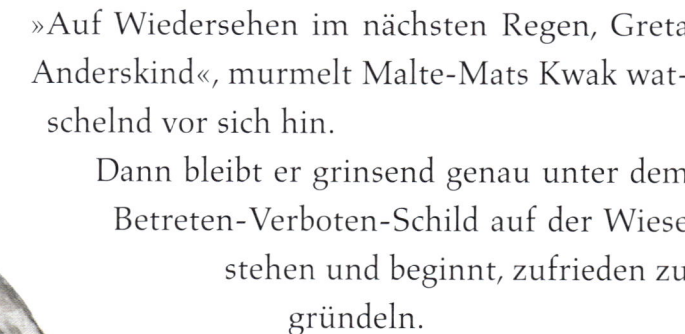

»Danke!«, ruft Greta und rennt los. »Ich liebe Regen!«, jauchzt sie.

Mama schüttelt den Kopf. »Du bist schon ein ganz besonderes Kind«, sagt sie schmunzelnd.

»Das hat Malte-Mats auch gesagt«, erwidert Greta, breitet die Arme aus und fliegt durch den Regen nach Hause.

»Auf Wiedersehen im nächsten Regen, Greta Anderskind«, murmelt Malte-Mats Kwak watschelnd vor sich hin.

Dann bleibt er grinsend genau unter dem Betreten-Verboten-Schild auf der Wiese stehen und beginnt, zufrieden zu gründeln.

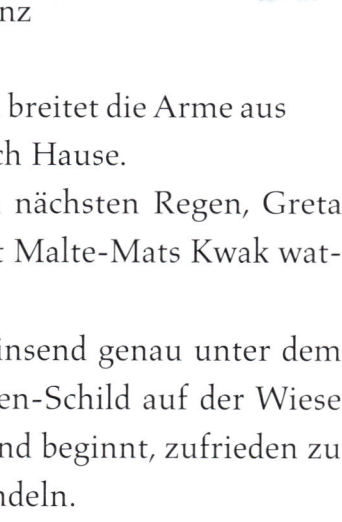

Gegen Regenlangeweile

In diesem Buch kommt bis zum Ende des nächsten Satzes 333-mal das Wort Regen vor, 24-mal das Wort nass und 66-mal das Wort Tropfen.

Aber nur 33-mal das Wort Sonne, 11-mal das Wort trocken und nur 7-mal das Wort Sonnenschein.

Logisch, ist ja auch ein Buch über den Regen und nicht über die Sonne.

Moment …

Jetzt kommen in diesem Buch die Wörter Regen und Sonne jeweils einmal mehr vor …

Kannst du ruhig nachzählen, hilft super gegen Mistwetter-Langeweile!

Ende